인생을 바꾸는 아이의
교과서
독서토론

십대라면 꼭 읽어야 할 문학과 표현의 기술

인생을 바꾸는 아이의 교과서 독서토론

남숙경 · 서정미 지음

|주|자음과모음

독서 토론 능력이
아이의 미래를 좌우한다

대한민국 교육계에 토론 열풍이 불고 있습니다. 2007 개정 교육 과정부터 초·중·고등학교의 지도 내용에 토론이 포함되었고, 2015년 중학교 3학년 교과서에 정식으로 토론 단원이 생기며 제대로 토론 교육을 할 수 있게 되었습니다. 그런데 지금까지의 주입식 교육으로는 토론 능력을 키우는 데 한계가 있습니다. 그래서 우리 교육과 다른 유대인 교육과 핀란드 교육에 관심을 갖기 시작했습니다. 그들의 교육은 논리적이고 창의적인 사고를 자연스럽게 유도합니다. 각자 자신의 의견을 발표하고 자유롭게 토론합니다. 그 과정에서 서로의 다름을 인정하고 존중하며 성숙한 민주 시민으로 자랄 수 있게 됩니다.

그렇다면 어떻게 하면 아이가 자신의 의견을 자유롭게 말하며 토론을 좋아할 수 있을까요? 그에 대한 해답이 바로 독서 토론입니다. 6년 이상 독서 토론 수업을 진행하면서 많은 학생들의 독서에 대한 인식이 토론을 위한 놀이의 전 단계로 바뀌고 있음을 느꼈습니다. 이제 아이들은 읽기, 쓰기, 말하기가 동시에 이루어지는 독서 토론 수업에 희열을 느끼기까지 합니다.

이 책에 독서 토론을 지도하며 겪은 시행착오를 극복한 노하우를 담았습니다. 또한 교과서에 수록된 문학 작품 가운데 엄선한 12편을 깊이 있게 이해하고 분석함으로써 심오한 토론의 세계로 자연스럽게 이끌었습니다. 책의 내용을 차례로 따라가다 보면 독서 토론을 어떻게 해야 하는지 저절로 알게 됩니다. 토론을 준비할 때 가장 힘든 부분이 논제를 뽑고 입론서를 작성하는 것입니다. 그래서 작품마다 적절한 논제와 입론서의 예시를 담았습니다. 토론을 수업에 접목하고 싶은 선생님, 자녀에게 토론을 직접 지도하고 싶은 학부모에게도 도움이 될 것입니다. 무엇보다 토론에 관심이 있고 잘하고 싶은 아이들이 이 책과 함께 즐겁게 토론하길 바랍니다.

남숙경·서정미

차례

2부   교과서 문학으로 시작하면 독서 토론이 쉽고 재미있다

1부

읽고,
사고하고,
표현하는
아이는
인생이 다르다

독서 토론으로 아이의 인생이
달라질 수 있을까

언제부터인가 아이들은 각종 게임과 영상, SNS로 무장한 스마트폰
의 늪에 빠져서 헤어 나오지 못하고 있습니다. 아침에 일어나서 밤
에 잠들 때까지 한시도 스마트폰과 떨어지지 않고 심지어는 횡단보
도에서도 주위를 살피기는커녕 스마트폰을 하면서 건너는 아이들
이 눈에 띄는 것도 흔한 풍경입니다.

중학생인 K군은 아침에 엄마가 깨우는 소리에 눈을 비비며 일어
난다. 눈을 뜨자마자 스마트폰으로 어젯밤 친구들과 나눈 카카오
톡 내용을 확인한다. 페이스북에도 새로운 글이 올라왔는지 확인
하고 댓글을 남긴다. 그러는 사이 "일어나자마자 또 스마트폰을

하는 거니? 계속 그러면 스마트폰 압수할 거야!"라며 꾸짖는 엄마의 소리에 툴툴거리며 스마트폰을 들고 화장실로 향한다. 스마트폰으로 노래를 들으며 씻고 나오니 친구로부터 카톡이 왔다. 8시까지 놀이터 앞으로 오라는 내용이다. 대충 밥을 먹고 놀이터로 가니 먼저 도착한 친구들은 K군이 왔는지도 모른 채 스마트폰에 빠져 있다. 등굣길에 재잘재잘 떠들면서도 연신 스마트폰으로 페이스북에 새로운 것이 올라왔는지 확인하며 걷는다. 교실에 들어와서는 보관함에 스마트폰을 두고 자리에 앉는다.

수업이 끝나고 K군은 친구들과 경쟁하듯 보관함에서 스마트폰을 가져간다. 종례를 하는 동안에도 K군은 스마트폰을 하느라 종례를 듣는 둥 마는 둥 한다. 학원에서는 쉬는 시간이나 선생님이 안 보는 사이에 몰래 페이스북을 하거나 카톡을 주고받으며 수업이 끝나기만을 기다린다. 집에 돌아와서는 학원에서 내준 숙제를 친구들과 나누어서 푼 뒤 단체 카톡방에 답을 올린다.

자려고 침대에 누워 스마트폰으로 게임을 하던 K군은 국어 수행평가를 했냐는 친구의 카톡을 받고 부리나케 일어난다. 인터넷에 수행평가 문제를 검색하고 어느 답을 고를까 고민하다가 친구들이 적게 선택했을 법한 내용을 복사해서 붙여넣기 한다. 하나만 복사하면 그 흔적이 보일 것 같아 몇 개를 더 복사해서 적당히 편집한다. 숙제를 대충 마무리한 후, 아까 하다 만 게임을 하느라 새벽 두 시가 되도록 잠들지 못한다.

익숙한 현실이라고 생각하지 않나요? 제대로 독서하고 토론하는 방법을 배우지 못한 아이는 책 속의 정보와는 달리 짧고 쉽게 소비할 수 있는 스마트폰 속의 정보에 빠져 살 것입니다. 왜냐하면 책은 오랜 시간을 집중해 읽으면서 개념을 만들고 원인과 결과를 파악하는 능력을 요구하는 반면 스마트폰 속의 정보는 일반적으로 그렇지 못하기 때문입니다. 스마트폰 속의 정보는 다수의 정보와 경쟁하여 사람들을 잡고자 하기 때문에 긴 호흡의 내용보다는 자극적이고 단편적인 내용을 전달합니다. 이렇게 스마트폰으로만 정보를 접하다 보면 생각하는 능력이 떨어집니다. 공부를 할 때도 숙제를 할 때도 머릿속에서 생각을 펼치면서 해야 하는데 스마트폰의 단순한 조작만으로도 해결이 가능하니 사고력은 점점 떨어질 수밖에 없습니다. 예전에 텔레비전을 '바보상자'라고 부르던 때가 있었는데 지금은 스마트폰이 아이들을 바보로 만드는 것이 아닌지 걱정됩니다.

앞으로 아이들이 살아갈 미래는 스마트 기기와 더욱 밀접해질 것입니다. 그리고 이런 환경에서 창의력은 더욱더 중요한 요소가 될 것입니다. 창의력을 키우는 데 가장 좋은 방법은 다양하게 생각해보도록 하는 것입니다. 어떤 문제가 생겼을 때 바로 앞에서만 보는 것이 아니라 멀리 떨어져 전체를 훑어보고, 위에서도 옆에서도 밑에서도 보며 다양한 관점에서 생각을 할 때 창의력이 커집니다. 그래서 우리는 자신만의 생각은 물론 더 다양한 생각을 할 수 있는 환

경과 조건이 필요합니다. 이에 따른 가장 좋은 방법이 생각의 보물
창고라고 할 수 있는 '독서와 토론'입니다.

빠른 아이, 느린 공부

우리나라 교육의 고질병으로 일컬어지는 '주입식', '객관식' 공부의
한계는 이미 오래전부터 지적되어 왔습니다. 그럼에도 여전히 이런
공부 방식이 계속되는 이유는 공부할 양은 많고 시간은 부족한데
가르치고 점검하기 편한 게 주입식, 객관식 교육이기 때문입니다.
겉으로 보기에는 학습의 효율성이 좋아 보입니다.

최근 주목받고 있는 토론식 수업은 어떨까요? 토론식 수업은 주
입식 수업보다 진도가 느린 것처럼 보입니다. 여러 사람이 서로 다
양한 의견을 내놓고 깊이 있게 토론하면서 공부하려면 더딜 수밖에
없는 것도 사실입니다. 문제는 진도를 나갔다는 것과 학생들이 제
대로 공부했다는 것은 별개라는 것입니다. 지금도 많은 부모가 지
식을 빨리, 그리고 많이 습득해야 학교 성적에서 앞서 갈 수 있다고
여겨 선행 학습을 시킵니다. 이제 갓 중학교에 입학한 아이가 고등
학교 수준의 영어 단어나 수학 문제를 풀면 아주 기특해하고 자랑
스러워 합니다. 그런데 정작 그 아이는 해당 유형의 문제를 조금만
비틀어서 출제해도 난감해하거나 못 푸는 경우가 다반사입니다. 사

고력을 필요로 하는 학습보다 지식을 양으로만 채운 결과입니다.

유대인 학습 방법 중에 '하브루타'가 있습니다. 주어진 문제를 가지고 두 명 이상이 서로 설명하고 토론하며 논쟁을 벌이는 학습 방법입니다. 최근의 통계 자료에 따르면 이러한 방법을 이용한 수업이 가장 학습 효과가 높았습니다. 2014년 EBS에서 방송된 〈왜 우리는 대학에 가는가〉에서도 같은 결과를 확인할 수 있습니다. 학습 효율성 피라미드를 보면 효율적인 학습이 무엇인지 한눈에 나타납니다. 수업 듣기와 읽기는 학습 효과가 5~10%에 불과하지만 실제 해 보기와 서로 설명하기는 각각 75%와 90%로 학습 효과가 10배 이상 높은 것을 알 수 있습니다. 토론식 공부가 속도는 조금 느릴지 몰라도 공부의 깊이만큼은 주입식 공부와 비교가 안 됩니다.

진짜 머릿속에 남는 지식은 본인이 습득하고 깨우치고 전달할 때 얻을 수 있습니다. 끈질기게 문제 해결 방법을 찾아 매달리고 부딪히는 과정에서 깨달음을 얻게 되는 토론식 공부가 제대로 된 학습입니다. 유대인이 우리보다 공부를 덜 하고도 성공하는 이유는 토론과 논쟁을 하면서 공부하는 하브루타의 효율성 때문입니다. 이제는 우리도 효율성 있는 교육을 실천할 때입니다. 질문하고 생각하고 토론하고 표현하는, 살아 있는 공부를 해야 합니다.

결과적으로 보면 학습 속도 면에서도 토론식 공부는 기존의 학습 방법보다 훨씬 더 효과적입니다. 처음에는 다소 뒤처져 보일 수 있

학습 효율성 피라미드(출처 NTL / National Training Laboratories)

지만 시간이 지날수록 가속도가 붙어서 빠르게 습득하면서도 깊이를 놓치지 않게 됩니다. 이것이 토론식 수업의 가치입니다.

인성이 부족한 아이, 토론으로 성장할 수 있을까?

우리나라는 2015년 7월부터 학교 현장에서 의무적으로 인성 교육을 실시하고 있습니다. 인성교육진흥법은 인성 교육을 의무로 규정한 세계 최초의 법으로 2014년 12월 29일 법안이 국회를 통과하여 2015년 7월부터 시행되고 있으며, 건전하고 올바른 인성을 갖춘 시민의 육성을 목적으로 합니다. 이 법에 명시된 인성 교육의 정의는 "자신의 내면을 바르고 건전하게 가꾸며 타인, 공동체, 자연과 더불어 사는데 필요한 인간다운 성품과 역량을 기르는 것을 목적으로 하는 교육"입니다.

인성교육진흥법이 생기게 된 배경에는 세월호 사건이 있었습니다. 지난 2014년 4월 16일 300여 명의 목숨을 앗아간 끔찍한 세월호 사건을 우리는 지금도 생생하게 기억하고 있습니다. 지금도 그 사건을 떠올리면 먹먹하고 답답한 마음을 숨길 수 없습니다. 큰 아픔과 충격을 준 사고의 원인은 총체적이고 다양하지만 주로 지목하는 이유 중의 하나로 선장과 일부 직원들의 무책임함, 곧 인성을 지적합니다. 올바르지 못한 인성을 지닌 몇몇 사람들로 인해 수백 명의 안타까운 생명이 사라질 수 있음을 여지없이 보여준 사건입니다. 인성교육진흥법을 다른 이름으로 '이준석(세월호 선장) 방지법'이라고 부르는 것으로도 이 사건이 국민에게 얼마나 큰 충격을 줬는지 알 수 있고 인성 교육의 필요성을 절감한 계기가 되었습니다.

그렇다면 토론은 인성 교육에 어떤 영향을 미칠까요? 토론에 관심이 있어서 자녀에게 토론을 시키고자 할 때 간혹 다음과 같은 걱정을 하기도 합니다.

"아이가 토론을 잘하면 좋겠지만 자기주장만 강해질까 걱정돼요."

"토론을 배운 이후로 웃어른의 말씀을 잘 따르기보다는 토를 달면서 따르지 않을 것 같네요."

"승부욕이 지나쳐서 다른 사람의 말을 무시하면 어떻게 할까요?"

토론을 제대로 이해하지 못하면 그런 걱정을 할 수 있습니다. 텔레비전이나 주변에서 토론하는 상황을 보면 어떻게 하든지 상대방을 제압하려고 하고, 소위 '목소리가 큰 사람이 이긴다.'라는 식으로 논리보다는 감정을 앞세우는 경우를 흔히 봐 왔기 때문입니다. 그렇지만 토론을 잘하는 사람은 결코 혼자 돋보이려고 하지 않습니다. 다른 사람을 배려하고 존중할 줄 압니다. 다른 사람의 이야기를 귀담아 듣고, 자기 생각과의 차이를 논리적으로 설득할 줄 아는 능력을 갖고 있습니다. 오히려 토론을 제대로 배우지 못한 사람이 싸워서 이기는 것을 토론의 전부로 착각하고 상대방을 무시하며 공격합니다.

지금 시대가 원하는 인재는 지식을 많이 알고 있는 똑똑한 사람이 아닙니다. 주변을 생각하고 어려운 이웃을 돌아볼 줄 알며 다른 사람과 함께 잘 살 수 있는 방법을 찾아 실천하는, 바로 '인성'이 훌륭한 사람입니다. 토론은 인성을 키우는 좋은 방법입니다. 토론의 구조 자체가 인성을 요구하기 때문입니다.

토론 수업은 일반적으로 모둠별 활동을 통해 진행됩니다. 모둠이 정해지면 학생들은 전략 회의를 통해 팀워크를 단단하게 쌓아갑니다. 모둠 활동이 진행될 때 특정 개인이 특출한 능력을 보여 준다고 해서 좋은 결과가 나올 수 있는 것은 아닙니다. 좋은 팀워크로 개인만이 아닌 팀을 위한 활동이 진행될 때 많은 사람들의 지지를 얻기 때문에 자연스럽게 협동하는 방법을 깨우치게 됩니다.

또한 토론에서는 엄격하게 정해진 시간과 절차를 지켜야 하기 때문에 규칙과 질서를 준수하고자 하는 태도가 자연스럽게 형성됩니다. 자신과 다른 사람의 의견에 대해서 좀 더 깊게 생각하고 절제된 발언을 하게 됩니다. 이렇게 정해진 절차를 지키는 과정 속에서 '자기중심적인 사고'를 버리고 '타인을 배려하는 마음'이 형성됩니다. 이와 같은 토론의 절차는 자기주장을 표출하는 것에만 익숙해 있던 아이들이 자신의 주장을 말하고 싶어도 참는 법을 익히도록 합니다. 또한 듣고 싶지 않아도 상대방의 이야기에 귀를 기울이는 법을 배우게 됩니다. 그러다 보면 인성은 자연스럽게 좋아집니다.

미래의 인재를 키우는 가장 효과적인 방법

버락 오바마가 미국 44대 대통령이자 최초의 흑인 대통령이 될 수 있었던 핵심 이유 중의 하나는 바로 대중을 사로잡는 '연설'이었습니다. 오바마의 대통령 당선 연설은 교재로도 출판되며 연설가를 꿈꾸는 많은 사람들에게 참고할 만한 연설문이 되었습니다.

"흑인의 미국이 따로 있고, 백인의 미국이 따로 있고, 라틴계의 미국, 아시아계의 미국이 따로 있지 않습니다. 오직 하나 된 주들이 모인 미합중국이 있을 뿐입니다."

"다음 세대도 이 나라에서 자신들의 꿈을 이룰 수 있도록 만들겠다는 그 약속, 그것이 오늘 제가 여기 서 있는 이유입니다."

"변화를 가져다주는 사람 또는 시간을 기다리기만 한다면 변화는 오지 않을 것입니다. 바로 지금 나 자신이 내가 찾는 변화입니다."

짧은 문장이지만 핵심을 명확히 전달하는 오바마의 연설에 많은 국민이 박수치고 환호했습니다. 오바마는 어떻게 대중을 사로잡는 연설을 할 수 있었을까요? 그는 어린 시절부터 부모와 함께 가정에서 책의 내용이나 다양한 주제로 자유롭게 토론하는 시간을 가졌다고 합니다. 그리고 콜롬비아 대학교에 입학해서는 토론 클럽에 가입하여 적극적으로 활동했습니다.

미국 학교의 수업 방법 중 많은 부분을 차지하는 것이 바로 토론입니다. 세계적으로 유명한 학교인 필립스 엑시터 아카데미는 1781년 존 필립스라는 사람이 세운 이후로 지금까지 명성을 유지하고 있습니다. 미국의 14대 대통령인 프랭클린 피어스, 페이스북의 창시자이자 세계 최연소 부자로 알려진 마크 저커버그, 『다빈치 코드』의 작가 댄 브라운도 이 학교 출신입니다. 이 학교가 유명해진 것은 토론식 수업을 할 때 쓰이는 원탁 모양의 테이블인 '하크니스 테이블' 때문입니다. KBS 다큐멘터리 〈공부하는 인간〉에서도 소개되었습니다.

하크니스 테이블은 미국의 석유 재벌이자 자선 사업가인 에드워드 하크니스의 이름을 사용한 것입니다. 1931년 당시에는 교사가 학생들 앞에서 강의를 하는 방식이 일반적이었습니다. 그러자 에드워드 하크니스가 학교에 찾아와 새로운 방식의 교육 방법을 고안하면 거액을 기부하겠다는 제안을 하였고, 학교 관계자들의 아이디어로 탄생한 교육 방식이 바로 이 하크니스 테이블의 시작입니다. 테이블에 앉은 사람 모두가 발표자고, 모든 사람이 동등한 위치에서 질문과 의견, 아이디어를 제시할 수 있습니다. 학생들과 교사는 원탁의 테이블에 둘러앉아 소크라테스 문답법으로 진행되는 심층 토론을 펼칩니다. 이 방식을 통해 학생들 스스로 사고하고 질문하고 분석과 토론을 거치게 됩니다. 이 테이블에서 학생들은 폭넓고 깊이 있는 사고력과 지식의 습득을 통해 학문적 성장을 이룰 수 있었습니다.

또한 '시카고 플랜'이라는 말이 있습니다. 미국의 대부호 록펠러에 의해 설립된 시카고 대학은 1892년부터 1929년까지 40여 년간은 그저 그런 삼류 대학이었습니다. 그런데 1929년 시카고 대학의 제5대 총장으로 취임한 로버트 허친스 총장이 새롭게 시카고 플랜을 시행합니다.

시카고 플랜은 '철학 고전을 비롯한 세계의 위대한 고전 100권을 달달 외울 정도로 읽지 않은 학생은 졸업을 시키지 않는다.'는 고전 독서 교육입니다. 시카고 플랜이 발표되자 학생들은 울며 겨자 먹기 식으로 머리에 못이 박히도록 100권의 고전을 읽어야만 했습니다. 그러는 동안 학생들의 두뇌 속에서는 혁명적인 변화가 나타나기 시작했습니다. 고전을 통한 학습과 토론은 학생들의 사고력을 변화시켰고, 시카고 플랜이 시작된 1929년부터 2000년까지 졸업생들이 받은 노벨상만 73개에 이릅니다. 시카고 대학의 노벨상 신화는 지금까지 이어지고 있습니다.

그렇다면 우리나라의 교육은 어떨까요? 지금 우리 교육 방향의 초점은 창의적이고 통합적 사고를 할 수 있는 융합형 인재를 양성하는 것에 맞춰져 있습니다. 융합형 인재 양성이란 특정 과목이나 학문의 영역에 국한된 사고를 하는 것이 아니라 과학·수학·예술·문학 등 넓은 영역에 걸친 통합적 사고를 통해 새로운 생각과 아이디어를 만들어내는 창의적인 사고를 하는 사람으로 길러내는 것을 말합니다.

그렇다면 융합적 사고가 가능한 인재를 길러내는데 가장 효과적인 방법은 무엇일까요? 바로 '독서 토론'입니다. 미국의 필립스 엑시터 아카데미와 시카고 플랜의 사례가 보여주듯 독서 토론이야말로 깊이 있는 독서를 통해 구체적인 내용과 생각을 품을 수 있도록 합니다. 참가자가 서로의 다양한 관점을 이해하면서 통합적인 사고와 아이디어를 만들어낼 수 있도록 하기 때문입니다. 부모님들은 독서의 중요성을 알기에 아이들이 꾸준히 책을 가까이 할 수 있도록 노력합니다.

흔히 독서할 때 내용 파악보다는 얼마나 많은 양을 읽느냐 하는 것에 집착하는 경우가 있습니다. 그런 경우 일주일 정도가 지나면 책의 줄거리나 주인공의 이름, 사건, 상황도 기억하지 못하는 경우가 허다합니다. 단순히 내용 파악이나 이해에만 그쳐서도 안 됩니다. 경험과 생각을 더해 자신의 입장을 정리해 보는 것으로 이해를 확장해야 합니다. 독서를 한 뒤 책의 내용을 바탕으로 생각을 펼칠 수 있는 사색의 시간을 가져야 합니다. 그리고 자신의 주장을 정립하고 다른 사람과 의견을 나눠 보는 생각의 공유 시간, 즉 독서 토론의 기회를 가져야 합니다. 독서 토론이 빛을 발하는 때가 바로 이때입니다.

독서의 진가는 같은 책이라도 여러 번 접함으로써 다양한 관점으로 들여다보고 파악할 때 나타납니다. 다양한 관점으로 들여다보는 것은 나 혼자만의 힘이 아닌 여러 사람이 같이 나누고 경험할 때 더욱 효과적입니다. 그래서 흔히 "한 사람이 열 권의 책을 읽는 것보다 열 사람이 같은 한 권의 책을 읽고 토론하는 것이 효과가 있다" 라고 표현을 하는 것입니다.

일반 토론과는 다른 독서 토론만의 효과

토론으로 얻을 수 있는 효과는 실로 다양합니다. 논리력, 비판적 사고력, 창의력, 리더십, 표현력, 팀워크 등 많습니다. 그렇다면 일반 토론과는 다른 독서 토론만의 효과는 무엇일까요?

첫 번째, 작품에 대한 이해가 깊어집니다.

작품 속에서 토론하고자 하는 논제를 분석하기 위해서는 장르의 특징을 인식하고 배경이나 인물, 구성, 관점 등을 다양하게 살펴봐야 합니다. 그리고 이런 요소들을 주장과 연결하기 위해 실제 생활과 비교할 수 있는 추론의 과정을 연구하게 됩니다. 이렇게 작품 자체의 내용만이 아니라 내용에 따른 의미를 생각하고 저자의 의도를 분석하는 과정에서 자연스럽게 작품에 대한 이해가 깊어집니다.

두 번째, 자료를 통합하여 전달하는 능력을 키워줍니다.

작품의 내용을 파악하고 나면 자신의 입장을 펼치기 위한 다양한 관련 자료를 인터넷이나 신문, 책 등에서 수집하고 사실들 사이의 관계를 파악해야 합니다. 이때 기존에 갖고 있는 지식을 활용해 문맥적으로 내용과의 관계를 구성하고 전달하는 능력이 요구됩니다. 또한 작품 속에 주어진 개념을 이해하거나 이해한 개념을 일반화해서 전달하는 과정도 필요합니다. 이런 과정에서 관련된 자료를 연결하고 또 다른 의미를 만들어내는 능력을 키울 수 있습니다.

셋째, 옳고 그름에 대한 분석과 평가 능력이 좋아집니다.

토론을 위해서는 작품에 제시된 내용을 근거로 아이디어, 정보, 주요 문제 등을 분석할 수 있어야 합니다. 주로 작품 속에서 드러난 사건과 갈등의 원인, 결과, 의미를 파악하게 됩니다. 또한 등장인물의 주장과 그 신뢰성에 대한 평가를 통해서 자신만의 관점을 갖고 주장을 전달하는 과정을 거칩니다. 이때 참과 거짓, 사실과 의견 등을 구별하여 제시하는 능력은 독서 토론의 또 다른 효과입니다.

독서 토론은 말하기, 듣기, 읽기, 쓰기 등의 동시적인 커뮤니케이션 수단을 활용해서 다양한 능력을 키워 줍니다. 책의 내용을 자기 것으로 만들고 토론을 통해 더욱 심화시킴으로써 이 시대에 필요한 능력을 키울 수 있는 독서 토론이야말로 최고의 학습 방법입니다.

첫 토론은
교과서 문학으로 시작한다

말과 글은 우리가 인간답게 살아가는 데 바탕이 됩니다. 우리는 대한민국의 말과 글인 국어를 통해 각자 생각을 키우고 다른 사람과 소통을 합니다. 공동 사회에서 발생하는 여러 가지 문제도 해결하고, 문학 작품을 쓰고 영화와 드라마 같은 예술을 만들며 문화를 발전시키기도 합니다.

대한민국 교육 과정에서 국어는 모든 학습의 기본이 되는 과목입니다. 기본적 언어 능력을 기르고 대한민국 국민으로서 정체성을 가지고 살아갈 수 있도록 언어적, 문화적 교양을 갖추게 도와주는 중요한 과목입니다. 이때 국어 교육 과정의 목표와 내용을 구체적으로 실현하는데 가장 중심이 되는 교육 자료가 바로 국어 교과서

입니다. 국어 교육이 효율적인 성과를 내기 위해서는 바람직한 교육 과정과 제대로 된 교과서가 가장 중요합니다.

우리나라는 국어과 교육에서 관점과 생각의 차이로 사회적 혼란을 야기할 수 있는 부분이 많다고 판단하여 오랫동안 국정 교과서 체제를 유지했습니다. 하지만 시대가 발전함에 따라 국어 교육에서 다양한 입장을 반영할 필요성이 커졌습니다. 또한 교과서 채택 과정에서 선택권을 부여하는 경쟁 체제의 도입이 교과서의 질을 높일 수 있다고 판단했습니다. 그래서 2007 개정 교육 과정부터 학교가 자체적으로 선택할 수 있는 검인정 교과서 체제로 바뀌었습니다. 검정 체제인 중학교 국어 교과서는 2016년 현재 16종이 개발되어 있습니다.

국어 교과서에 실린 문학 작품은 국어 과목의 학습 목표와 관련한 교육적, 예술적 가치가 인정된 것으로 집필진의 오랜 숙고 끝에 수록됩니다. 빼어난 작품성은 물론 창의력과 상상력을 키울 수 있는 작품들이 대부분입니다. 그리고 학생들이 성장 발달 수준에 맞는 어휘와 문장을 익히고 작가의 주제 의식을 파악하며 흥미 있게 읽을 수 있습니다.

이 책에 실린 문학 작품은 다음의 3가지를 기준으로 선정했습니다.

첫째, 학생들 수준에 맞춰 교육적 효과가 큰 작품인가

둘째, 작품성이 뛰어나서 여러 출판사의 교과서에 중복해서 실린 작품인가

셋째, 독서 토론이 가능한 작품인가

위의 기준을 우선으로 적용하고 학생들의 흥미를 높여줄 작품을 추가해서 총 12편의 작품을 엄선했습니다. 2부에 실린 작품들은 교과서가 개정되더라도 빠지지 않고 수록될 만큼 뛰어난 작품들입니다.

문학 작품을 읽고 독서 토론을 하게 되면 겉핥기식의 소극적인 독서가 아니라 능동적으로 작품을 읽고 질문에 답하는 적극적인 독서를 하게 됩니다. 그래서 좀 더 깊게 이해할 수 있고, 그 이해를 통해 작품을 쉽고 즐겁게 받아들입니다. 교과서 작품으로 독서 토론을 하면 문학적으로도 뛰어난 작품을 재밌게 학습하게 되니 우선 국어 능력이 올라갑니다. 또한 독서 토론을 반복하는 과정에서 이해력, 논리력, 사고력, 창의력, 의사소통 능력까지 높일 수 있습니다.

독서 토론의 출발점, 질문하라

최근 유대인식 교육이라고 일컬어지는 '하브루타'가 우리나라 교육계에 큰 이슈가 되고 있습니다. 전 세계 인구의 0.2%에 불과한 그들

이 하버드 대학교 재학생 중 30%를 차지하고, 더 나아가 노벨상 수상자의 20%를 배출하게 된 교육 방법 중 하나로 방송에 소개되었기 때문입니다. 서점에서는 하브루타에 관한 책이 줄줄이 판매되고 학원가에는 하브루타 전문 학원이 곳곳에 생기고 있습니다. 하브루타의 어떤 요소가 교육에 큰 성과를 가져와서 이처럼 이슈가 되는 것일까요?

유대인의 교육 방식과 우리나라의 교육 방식에는 여러 가지 차이점이 있지만 그중에서도 큰 차이는 바로 질문 방식입니다. 우리나라 부모들은 자녀가 학교에서 수업을 마치고 집에 돌아오면 주로 다음과 같은 질문을 합니다.

"학교에서 수업은 열심히 들었니?"
"친구들하고 싸우지 않고 잘 지냈니?"
"점심때 밥과 반찬은 남기지 않고 다 먹은 거지?"

질문의 공통점은 답이 예, 아니오로 정해져 있다는 것입니다.
반면 유대인 부모들이 자녀에게 하는 질문은 다음과 같습니다.

"오늘은 선생님께 어떤 질문을 드렸니?"
"질문을 통해서 네가 깨닫거나 느낀 건 무엇이니?"

답이 정해져 있지 않은, 창의적인 답을 요구하는 질문을 합니다.

질문의 차이는 아이들의 생각을 확장할 수도 있고 축소할 수도 있습니다. 그래서 어떤 전문가는 질문 방식의 차이가 우리나라 교육의 문제점 중 하나라고 지적하기도 합니다.

질문은 독서 토론에서도 아주 중요한 요소입니다. 책을 능동적으로 읽는 방법 중 하나가 바로 질문을 하는 것입니다. 스스로 질문을 만드는 것은 책과 소통하는 중요한 방법입니다. 일반적으로 독서 토론을 진행할 때 선생님이 책을 토대로 발문을 만들고 논제를 정해서 질문을 던지면 아이들은 나름대로의 대답을 하면서 토론을 이어 갑니다. 이 방법도 효과는 있지만 더 좋은 방법은 아이들이 스스로 책에 대한 궁금증을 던지면서 질문을 하고 논제를 만들어 나가는 것입니다. 훨씬 더 능동적이고 적극적인 시간으로 활용할 수 있습니다.

따라서 토론을 위한 첫 번째 단계는 독서 후에 스스로 질문을 만들어 보는 것입니다. 책을 완독한 아이들에게 책의 내용을 토대로 질문을 많이 써 보라고 합니다. 질문의 개수에 구애받지 말고 가능한 많이 써 보라고 권합니다. 처음에는 아이들이 질문을 만드는 것 자체를 어려워합니다. 하지만 반복 활동을 통해서 꾸준히 하다 보면 자신도 모르게 깊은 사고를 끌어내는 질문을 찾을 수가 있습니다. 질문 자체가 상당히 높은 수준에 이르게 되는 것입니다. 스스로

궁금증을 발견하고 또 대답을 찾으려고 고민하기 때문입니다.

『효녀 심청』을 읽고 질문하는 연습을 해 봅시다.

내용 확인 중심으로 질문해 보기
- 심청이가 태어난 후 엄마는 며칠 만에 돌아가셨는가?
- 심봉사는 어디에서 스님을 만났는가?
- 임금이 심청이를 발견했을 때 심청이는 어디에 있었는가?
- 왕비가 된 심청이는 심봉사를 만나기 위해서 무엇을 하였는가?

심청이 중심으로 질문해 보기
- 죽음을 앞둔 심청이의 심정은 어땠을까?
- 심청이는 왕비가 되면서 어떤 생각을 했을까?
- 심청이는 왕비가 된 후에 왜 아버지를 바로 찾지 않았을까?
- 심청이가 심봉사를 다시 봤을 때도 장님인 것을 알았다면 그 때의 느낌은 어땠을까?

심봉사 중심으로 질문해 보기
- 심봉사는 심청이를 어떻게 키웠을까?
- 심봉사는 스님의 말에 왜 덜컥 약속을 했을까?
- 심봉사는 과연 이기적인 사람일까?

- 심봉사가 눈을 떠서 심청이를 만났을 때의 심정은 어땠을까?

- 소설의 시대적 배경은 언제인가?
- 심청이는 누구의 제안에 약속을 정했는가?
- 심청이는 어떤 기도를 하고 바다에 빠졌는가?
- 심청이는 왜 공양미 삼백 가마에 본인을 팔려고 했을까?

처음에는 무조건적으로 질문을 많이 쓰는 식으로 활용해 보다가 익숙해지면 다양한 관점에서 질문을 만들어 보고, 아이들과 함께 좋은 질문과 그렇지 않은 질문을 선별해 보아도 좋습니다. 어떤 질문이 좋은 질문인지 스스로 평가해 봅니다. 이 과정을 통해 아이들은 이야기의 핵심을 찾아내는 예리한 관점도 얻어낼 수 있습니다. 책 읽기와 토론의 시작은 바로 질문에서부터 출발합니다.

독서 토론의 핵심, 논제를 찾아라

논제는 한마디로 '무엇에 대하여 토론을 할까?'의 그 '무엇'이 됩니다. 책 속의 여러 가지 논쟁이 될 만한 내용 중에서 가장 핵심적인 내용을 담은 문장이 논제입니다. 독서 토론을 할 때 논제가 중요한 이유는 그것이 바로 책의 정수이자 핵심 문장이기 때문입니다. 논제에 대한 자신의 입장을 책의 내용을 근거로 계속 확인하고 표현하는 활동은 책을 확실히 이해하는 바탕이 됩니다.

논제는 토론에서 어떤 활동을 하고 무엇을 배울 것인지를 규정하는 역할을 합니다. 수업 시간에도 수업 목표가 있는 것처럼 토론 시 구체적인 논제가 정해지면 그것을 기준으로 준비 과정과 다양한 활동이 진행되기 때문에 토론의 내용을 분명하게 이해할 수가 있습니다.

논제는 어떻게 찾을 수 있을까요? 몇 가지 방법을 제시해 보겠습니다.

첫째, 대립되는 내용을 중심으로 찾아보기
둘째, 인물, 사건의 갈등이 부각되는 내용을 중심으로 찾아보기
셋째, 작가의 의도와 반대편에서 생각해 보기
넷째, 핵심 키워드를 추려내서 찾아보기
다섯째, 책의 내용을 토대로 질문을 만들고 중심이 되는 질문에서 찾아보기

그런데 논제에도 일정 부분의 조건이 있습니다.

첫째, 논제는 찬반 대립이 분명해야 합니다.

예를 들어 '잎싹을 두고 떠난 초록머리의 행동을 어떻게 볼 것인가?'는 찬반에 대한 입장 표명보다는 다양한 관점을 요구하는 논제이기 때문에 찬반 토론에 적절한 논제가 될 수 없습니다. 토론 시 대립축이 분명하지 않으면 막연히 서로의 입장만 드러내게 되고 토론의 방향은 엉뚱한 곳으로 흘러갑니다. 논제의 찬반 대립이 분명해야 이어질 반론과 재반론의 순서에서도 자신의 주장을 적절하게 표현할 수가 있습니다.

둘째, 중심 과제가 하나로 모여야 합니다.

만약 '잎싹이 마당을 나온 것과 초록머리를 키운 것은 옳다.'라는 논제로 토론을 하게 되면 잎싹이 마당을 나온 것에 대한 주장과 초록머리를 키운 것에 대한 주장을 한꺼번에 해야 합니다. 이런 상황으로 흘러가면 토론 전체의 방향을 잡을 수가 없습니다. 따라서 토론자가 혼란을 느끼지 않고 토론을 제대로 진행하기 위해서는 논제 속에 들어 있는 토론의 주제가 하나로 모여야 합니다.

셋째, 논제는 명제형으로 제시되어야 합니다.

'초록머리가 잎싹을 두고 떠난 행동은 옳은가?'와 같이 논제가 주어지면 토론은 토의 또는 다양한 관점으로 진행됩니다. 일반적으로 방송에서는 다양한 관점을 유도하기 위한 질문형 논제가 주어지기도 합니다. 하지만 교육적 측면에서는 명제형으로 논제가 분명해야 혼란을 느끼지 않고 정확하게 자신의 입장을 펼칠 수 있습니다.

넷째, 긍정문으로 서술해야 합니다.

'초록머리는 잎싹을 두고 떠나면 안 된다.'라는 논제가 주어지면 초록머리가 잎싹을 두고 떠나는 것에 대해 반대한다는 의미이기 때문에 찬성 측이나 반대 측에서 준비하고 발표하는 데 혼란을 가져올 수 있습니다. 따라서 논제는 항상 긍정문으로 표현해서 찬성과 반대 입장을 드러내는 데 혼란이 없도록 해야 합니다.

이상의 조건들을 감안하여 관심사에 맞는 논제를 정하고, 논제에 맞추어 열띤 토론을 펼칠 수 있도록 합니다.

많이 듣는 것과 잘 듣는 것은 다르다

들어라, 그렇지 않으면 당신의 혀가 당신을 귀먹게 할 것이다.
— 체로키족 속담
지혜는 듣는 데서 오고 후회는 말하는 데서 온다. — 영국 속담
듣고 있으면 내가 이득을 얻고, 말하고 있으면 다른 사람이 이득을 얻는다. — 아라비아 속담

입이 한 개, 귀가 두 개, 말은 조금만 하고 많이 들어야 한다.
— 우화

이 속담들은 모두 듣기의 중요성을 강조하고 있습니다. 우리는 일상에서 끊임없이 나의 이야기를 전달하고 남의 이야기를 듣습니다. 그런데 그동안 얼마나 타인의 이야기를 잘 들었는가를 생각해 보면 어떤가요? 아마도 분명 들었던 이야기지만 어떤 내용이었는지 잊어버린 경우가 많을 것입니다. 다른 사람의 이야기를 많이 듣는다 해도 '잘 듣는 것'은 결코 쉬운 일이 아닙니다.

일반적으로 공부를 잘하는 학생들은 이미 아는 내용이라도 본인이 아는 것과 선생님이 가르치는 내용이 어떻게 다른지 비교하고, 몰랐던 새로운 내용이 있는지 집중해서 듣습니다. 집중을 하면서 듣다 보면 자연스럽게 성적이 오를 수밖에 없습니다. 이와 마찬가지로 토론을 잘하고 싶다면 우선 '듣기'부터 잘해야 합니다.

보통 토론이라고 하면 내 주장을 잘 펼쳐서 상대방을 설득시키는 것으로만 인식하는 경우가 많습니다. 그러나 진정한 토론의 달인은 잘 듣는 사람입니다. 상대방의 의견을 경청하여 숙지하고 적절하게 반응해서 내 생각을 말하는 것입니다. 잘 들어야 적절한 근거로 상대방의 의견에 반론을 제시할 수 있습니다.

특히 토론에는 서로 상대방을 향해 질문하는 순서가 있습니다. 이때 상대방의 의견을 집중해서 경청하고 기록으로 남겨 놓아야 핵심적인 질문을 던질 수 있습니다. 토론의 구조상 잘 듣지 않으면 결국 나의 의견도 제대로 전할 수가 없습니다. 토론은 결코 혼자서 말하는 형태가 아닙니다. 토론을 잘하고 싶다면 말하기보다 경청하는 법부터 배워야 합니다.

간단하게 듣기 실습을 하는 방법을 소개합니다.

인터뷰 게임

① 두 사람이 짝을 지어서 한 모둠이 됩니다. 가위바위보를 해서 이긴 사람이 먼저 인터뷰를 시작합니다. 시간에 따라서 3~7개의 문항을 가지고 나의 짝이 어떤 사람인지 질문을 합니다.

② 시간은 3~5분 정도 제시합니다. 짝의 진술 내용을 잘 기록하면서 인터뷰를 끌어갑니다.

③ 인터뷰한 내용을 가지고 발표하는 자리에서 자신의 짝을 소개합니다. 소개가 끝나면 역할을 바꿔서 같은 방법으로 진행합니다.

두 마음 토론(천사 악마 게임)

① 한 모둠을 세 명으로 만든 후 주제를 제시하여 한 사람은 경청하는 입장, 또 한 사람은 찬성하는 입장, 나머지 한 사람은 반대하는 입장으로 정합니다.

② 제시된 주제로 토론이 시작되면 경청하는 사람은 찬성 입장의

토론자와 반대 입장의 토론자를 적절하게 바라봅니다. 해당 입장의 토론자는 경청하는 사람이 자기를 바라볼 때 본인 입장에서 열심히 설명을 합니다. 보통 30초 안팎으로 이야기를 하고, 경청하는 사람이 다른 쪽을 바라보면 상대방 토론자는 이견을 제시하면서 반박이나 질문, 재반박을 통해 이야기를 주고받습니다.

③ 토론이 마무리되면 경청하는 사람은 찬성과 반대 입장의 토론자 중에서 더욱 설득력이 있었던 토론자를 정하고 그 이유를 발표합니다.

찬반 토론이 독서 토론에도 필요하다

우리는 자주 토의와 토론이라는 말을 섞어서 사용합니다. 어떤 대화 방식이 토의고 또 토론일까요?

토론을 넓게 정의하면 '어떤 문제를 합리적이고 타당한 방법으로 해결하기 위해 의견을 모으는 대화 방식'입니다. 두 명이 모이든 여러 사람이 모이든 형식이나 절차와는 상관없이 문제를 해결하는 대화 방식으로 토론이라는 용어를 사용합니다. 그렇지만 이런 대화 방식은 엄밀히 말하자면 토의에 해당하는 것입니다. 토의는 의견 교환을 통한 최선의 해결책을 모색하는 과정입니다. 그래서 토의에는 일정한 형식이 없고 상호 협력적으로 의견을 펼칠 수가 있습니다.

반면 토론에는 일정한 형식과 절차가 존재합니다. 우선 발언 순서가 주어집니다. 그리고 정해진 시간 안에 상대방을 설득할 근거를 토대로 논리적인 주장을 펼쳐야 합니다. 그렇기 때문에 상호 협력적이라기보다는 상호 대립적인 성격을 띠고 있습니다.

간혹 토론을 하다 보면 의견이 대립되어 격렬하게 논쟁을 펼치기도 하고 감정이 고조되기도 합니다. 그래서 토론을 비판하는 의견들도 있습니다. 이런 대화 형식은 토론이 아닌 논쟁으로 정의해야 합니다. 논쟁은 주어진 형식이나 규칙 없이 주로 자기주장만 내세우고 상대방을 격렬하게 비판하고 때로는 감정적으로 대응하기도 하는 형태입니다. 반면에 토론은 상대방의 주장에 대한 자신의 주장을 전달하여 설득하는 것이고, 논리와 감정의 조화를 중시합니다. 따라서 토론은 '주어진 문제에 대하여 찬성과 반대로 팀을 구성하고 정해진 형식과 절차에 따라 주장과 근거를 제시하여 상대를 설득하고자 하는 의사소통 방식'으로 정의할 수 있습니다.

독서 토론과 찬반 독서 토론의 차이는 무엇일까요? 일반적으로 독서 토론이라고 하면 책의 내용을 토대로 각자의 생각을 자유롭게 나누고 공감하며 결론을 따로 정하지 않아도 되는 토론을 말합니다. 이 책에서 강조하는 찬반 독서 토론은 책의 내용을 기반으로 하는 것은 동일하되 책 속의 내용을 토대로 '논제'를 정합니다. 이어서 논제에 맞춰 찬성과 반대의 입장을 모두 준비한 후 토론을 펼치기 직전에 찬성 팀과 반대 팀을 정합니다. 이후 정해진 팀의 입장에서 형식에 맞춰 주장에 따른 근거를 펼치면서 설득하는 것입니다.

자주 듣는 질문 중 하나는 '주어진 논제에 대한 입장을 왜 꼭 찬반으로 나누어서 토론해야 하는가?'입니다. 찬반 토론은 다음과 같은 효과가 있기 때문입니다.

첫째, 흥미와 몰입을 높일 수 있습니다.

찬반 토론은 기본적으로 승패를 겨루는 형식입니다. 대결 방식의 특성상 참가자는 팀의 승리를 위해서 열심히 준비하고 팀워크를 다지게 됩니다. 축구나 야구처럼 승패를 다루는 경기 종목은 팀워크와 우수한 경기 능력을 보여 줄 때 좋은 결과를 얻을 수 있습니다. 토론도 운동 경기처럼 팀의 승리를 위해 팀워크와 능력을 발휘해야 합니다. 이때 상대 팀을 이기기 위해 준비하는 과정에서 자연스럽게 흥미가 생기고 몰입하게 됩니다. 그런데 이를 우려하는 사람들이 있습니다. 승부에 집착하다 보면 상대 팀을 무시하거나 비합리적인 방법으로 이기적인 행동을 취하지 않을까 하는 것입니다. 그러나 스포츠에 규칙이 있듯이 토론에도 엄격한 규칙과 절차가 있습니다. 토론 참가자는 이에 따라 상대방을 존중하고 배려해야 합니다.

둘째, 제시된 논제를 명확히 이해할 수 있습니다.

제시된 논제를 찬성과 반대로 구분하면 문제에 대한 인식이 명확해집니다. 명확히 이해된 상태이기에 그만큼 다양하고 깊이 있는 자료를 찾는 것이 쉬워집니다. 찾은 자료를 토대로 주장과 근거를 연결하고 발표할 때도 정확하게 의미를 전달할 수 있습니다. 토론의 시조로 불리는 옛 그리스 철학자 프로타고라스가 "인간은 만물의 척도다. 그 만물은 그런 것과 그렇지 않은 것으로 이루어졌다."고 말했듯이 주제를 찬성과 반대로 나눈 것은 토론의 특징 중에서도 가장 핵심적인 요소입니다.

셋째, 역지사지(易地思之)가 가능합니다.

토론을 잘하기 위해서는 상대방의 주장을 잘 듣고 제대로 이해하는 것이 중요합니다. 특히 반박은 상대 팀의 주장을 토대로 해야 합니다. 우리 팀의 주장이 더욱 설득력을 가지려면 상대방을 존중하며 경청하는 과정이 필요합니다. 그 과정에서 역지사지의 마음을 가질 수 있습니다. 논제를 찬반으로 설정하면 자기의 주장만이 아니라 상대방의 주장도 깊이 있게 생각하고 분석할 수 있습니다.

넷째, 다양한 사고력을 높일 수 있습니다.

비판적 사고력은 주어진 문제에서 무엇이 옳고 무엇이 잘못된 것인지 판단하는 능력입니다. 비판적 사고력이 발달한 아이들은 자신의 현재 학업 수준을 명확히 알고 자신이 잘하는 부분과 부족한 부분을 이해하고 있습니다. 자신의 현재 모습에 비추어 앞으로 가야 할 목표가 분명히 설정되어 있기 때문에 학습 능력도 다른 아이들에 비해서 우수합니다. 토론은 논제에 대해 다양한 각도에서 바라보고 주장에 대한 근거를 논리적이며 합리적으로 찾는 과정을 거칩니다. 당연히 논리적 사고력과 합리적 사고력, 비판적 사고력이 높아집니다. 또한 상대방보다 더 타당한 주장과 근거를 찾는 과정에서 깊은 사고를 하게 되므로 창의적 사고력도 기를 수 있습니다.

다섯째, 문제 해결 능력을 높여 줍니다.

토론을 위해 다양한 정보를 수집하고 분석하는 과정에서 중요한 것과 중요하지 않은 것, 진실과 거짓을 판별하는 능력이 생기고 정보 처리 능력도 높아집니다. 이렇게 쌓인 경험은 문제를 꿰뚫어 보는 통찰력을 키워 주고 사고의 깊이를 더해 줍니다. 자연히 현명한 판단을 하게 되므로 어떤 어려운 문제든 해결할 수 있는 문제 해결 능력이 커집니다.

이토록 토론이
재미있어지는 순간

독서 토론의 실전 1 : 토론의 핵심 구성 요소

토론의 핵심 요소는 아래 그림처럼 입론, 확인 질문, 반론, 최종 발언의 네 가지로 압축됩니다. 이 네 가지 과정을 어떻게 조합하느냐에 따라 토론 방식이 달라집니다.

입론(Argument)

입론은 논제에 대한 자기 팀의 입장을 담은 논점(주장)을 펼치는 과정입니다. 입론에서 펼친 논점을 토대로 토론이 진행되기 때문에 자기 팀의 입장을 충분히 포괄해야 합니다. 이런 이유로 입론을 '입장 표명'이라고도 합니다.

입론의 내용은 다음과 같은 순서로 전개됩니다.

1. 논제를 둘러싼 사회적 배경을 말합니다.

이 논제가 토론을 해야 할 만큼 사회적으로 큰 문제가 되고 있기에 토론할 가치와 필요성이 충분하다는 점을 강조하기 위함입니다.

2. 핵심 용어의 개념을 정의합니다.

핵심적인 단어에 대한 정의 자체가 곧 자기 팀의 입장이나 논점을 받쳐 주는 기반이 됩니다. 일반적으로 찬성 측이 반대 측보다 먼저 발언하기 때문에 개념 정의 역시 찬성 측이 먼저 제시합니다. 반대 측도 개념 정의를 해야 하는데, 찬성 측 용어 정의에 동의할 경우 "용어 정의는 찬성 측과 같습니다."라고 말합니다. 그러나 이에 동의하지 않는다면 반대 측이 정의한 개념을 분명하게 밝혀야 합니다.

3. 논점을 3~4개 항목으로 정리하여 전개합니다.

논점을 너무 많이 나열하면 내용을 기억하기도 어렵고 산만할 뿐만 아니라 중복되는 경우도 많아집니다. 각 논거를 제시할 때는 먼저 논제에 대한 주장을 한 문장으로 간략하게 말합니다. 그리고 바로 이어서 각 논점을 지지해 줄 수 있는 근거 자료를 제시해야 합니다. 근거 자료는 주로 그렇게 주장하는 사실과 증거, 통계 자료로 구성됩니다.

다음은 입론서 예시입니다.

- -
예시 입론서 – 찬성 측
- -

팀명		팀원			
논제	자신이 힘들어도 남을 위해 사는 것이 잘 사는 것이다.				
도서	백성이 잘사는 나라를 꿈꾼 실학자 정약용			저자	양태석

• 논의 배경

백성이 잘 사는 나라를 꿈꾼 실학의 대가 정약용은 말 그대로 "백성이 있어야 나라가 있다."라고 생각했고, 백성을 사랑하는 마음으로 정치·경제·역사·의학 등 다양한 분야의 책을 500여 권이 넘게 썼으며 많은 업적을 남겼다. 현대 학자들은 정약용을 조선을 대표하는 대학자이며 국가 개혁을 주장한 실학 사상가로 높게 평가한다. 비록 당파 싸움에 휘말려 백성이 잘 사는 나라를 만들려던 꿈을 이루지 못하고 18년 동안이나 귀양살이를 하게 되지만 그의 위대한 개혁 사상과 애민 정신은 역사에 길이 남을 것이다.

갈수록 무관심과 이기주의가 심해지는 요즘 어떤 삶이 바람직한 삶인지 자신보다 백성을 먼저 생각한 정약용의 삶의 방식을 통해 그 해답을 찾아보고자 한다.

• 용어 정의

1) 자신이 힘든 것 : 자신의 몸과 마음이 어려워지거나 사회적 지위가 곤란해지는 상황.

2) 남을 위해 사는 것 : 자신의 편리와 이익을 생각하지 않고 삶의 중심을 남에게 두어 희생하며 사는 것.

3) 잘 사는 것 : 자신과 가족의 삶이 가치 있고 보람되어 만족하며 사는 것.

논점 1. 역사적으로 큰 업적을 남긴다.

정약용은 가난에 찌든 백성을 위해 토지 개혁을 주장했고, 탐관오리와 착취만 일삼는 관리 개혁을 위해 『목민심서』를 완성했으며 (『유배지에서 보낸 편지』, 정약용) 약을 구하지 못해 병을 키우는 백성을 위해 처방 중심의 의학책을 편집했다. 18년간의 강진 유배 생활 중 학문에 몰두하느라 방바닥에서 떼지 않았던 복사뼈에 세 번이나 구멍이 났고, 이와 머리카락이 빠지는(『다산선생 지식경영법』, 정민) 아품과 고통을 견디며 500권이 넘는 책을 우리 후손에게 물려주었다. 사람이 뜻을 세워 열심히 노력하면 못 이룰 일이 없다는 것을 알게 해 준 정약용에게 정헌 대부 규장각 제학이라는 벼슬과 문도공이라는 시호가 내려졌다. 또 현재에는 정약용 선생의 삶과 업적을 유네스코에 인정받아 그의 음력 생일이 '유네스코 연관 기념일'로 선정되었다. 다산 개인의 삶은 힘들었지만 그는 역사적으로 큰 업적을 남긴 인물로 평가되고 있다.

논점 2. 후손들이 잘 사는 나라가 된다.

정약용은 가난한 백성들의 삶에 실질적으로 도움을 줄 수 있는 새로운 학문인 실학 공부에 욕심이 많았고, 그 마음 한가운데는 늘 백성들이 보다 잘 살 수 있도록 돕고자 함이 있었다. 고향에서 온 큰아들인 학연에게 선비는 백성을 위해 무엇을 할 것인지 늘 생각해야 하고 백성을 위한 정책을 꾸준히 공부해야 하며 무엇보다도 책을 많이 읽어 어떻게 사회 개혁을 해야 되는지 고심해야 한다고 말한다. 나라를 다스리는 관리들의 생각이 정약용과 같다면 우리 후손들이 살아갈 세상은 정의로운 세상, 즉 모두가 잘 사는 나라가 될 것이다.

위대하고 훌륭한 이순신 장군이나 세종대왕, 유관순 열사 등 많은 분들처럼 정약용 자신의 삶은 힘들어도 나라와 후손을 위해서 노력한 결과로 인해 지금의 우리가 존재하는 것임을 잊지 말아야 한다.

논제 3. 이타주의는 결국 자신에게 돌아오므로 가장 좋은 삶의 방법이다.

정약용은 부사와 아전들이 드러내 놓고 백성들의 재산을 약탈해서 백성들의 생활이 몹시 어려웠던 황해도에 곡산 부사로 임명되었을 당시, 공물이 중앙 관청으로 들어갈 때 비리가 저질러지고 있음을 알아내어 부정과 비리를 하나씩 해결해 나갔다. 이후 백성들은 정약용이 곡산을 살기 좋은 땅으로 만들어 준 최고의 원님이라고 생각하며 그를 존경했다. 황사영 백서 사건으로 정약용과 정약전이 처형될 위기에 처했을 때 황해도에서 벼슬을 했던 정일환 선비는 정약용이 곡산 부사 시절 백성들을 위해 헌신했던 행동에 대해 대신들을 향해 열변을 토했고 이로 인해 정약용과 정약전은 처형을 면하게 되었다. 이러한 내용을 통해 알 수 있듯 자신보다 남을 더 생각하는 이타주의는 결국 자신에게 덕이 되어 돌아오므로 가장 좋은 삶의 방법이다.

따라서 '자신이 힘들어도 남을 위해 사는 것이 잘 사는 것이다.'는 논제에 찬성한다.

팀명		팀원			
논제	자신이 힘들어도 남을 위해 사는 것이 잘 사는 것이다.				
도서	백성이 잘사는 나라를 꿈꾼 실학자 정약용			저자	양태석

• 논의 배경

찬성 측과 동일하다.

• 용어 정의

찬성 측과 동일하다.

논점 1. 뜻을 달리하는 사람들로부터 미움을 받을 수 있다.

정약용은 백성이 잘 살려면 사회 제도를 바르게 뜯어고치는 개혁이 필요하다고 생각했고, 나라와 백성을 잘 보살피려면 무엇보다도 좋은 인재를 등용하며 지역과 출신에 상관없이 많은 사람들이 과거를 볼 수 있도록 기회를 주어야 한다고 주장했다. 현재의 가문이나 아버지의 관직을 배경 삼아 능력 없는 이들이 관직에 오르면 정말 실력이 있는 사람이 기회를 얻지 못한 채 초야에 묻혀 버리고 만다는 것을 정조 임금에게 아뢰었다. 정약용의 간언을 들은 정조 임금은 이후 관리를 뽑을 때 모든 지역에 똑같이 응시 자격을 주었다.

정약용의 이런 주장은 당대 학자들의 강력한 반대에 부딪혀 비난이 빗발치고 논쟁이 격렬했으나 그는 원칙에 벗어난 일에는 결코 뜻을 굽히지 않았다. 이 때문에 정약용에게 많은 적이 생겼고, 특히 뜻을 달리하는 노론으로부터 미움과 질투, 무시를 당하며 결국 궁지에 빠지게 되어 귀양까지 가게 된다.

논점 2. 자신의 삶이 가장 중요하다.

정약용은 백성이 잘 사는 행복한 나라를 만들려 노력했지만 정작 본인의 삶은 외롭고 힘들었다. 18년간의 강진 유배 생활 중 자신의 처지를 한탄하며 지은 시를 보면 귀양살이의 외로운 마음이 잘 담겨 있다.

"날이 따뜻해 겨울에도 옷은 껴입지 않지만 근심이 많아 밤마다 마시는 술이 늘어가네."

당시 정약용의 마음이 어떠했는지 미루어 짐작할 수 있다. 정약용은 이 같은 외로움과 세상의 근심을 잊는 방법이 오직 제자를 가르치고 학문에 몰두하는 일이라고 생각한 나머지 자신의 건강과 삶은 돌보지 않았다. 방바닥에서 발을 떼지 않아 복사뼈에 세 번이나 구멍이 날 정도로 책만 읽었고, 이와 머리카락도 다 빠질 정도로 오로지 백성과 나라만 생각했던 다산에게 20년 귀양살이는 절망이었다.

내 인생의 중심은 나 자신이고 내가 행복해야 남도 행복하게 이끌 수 있기에 자신의 삶을 소중히 해야 한다.

논점 3. 가족과 가까운 사람들이 피해를 본다.

오직 백성을 사랑하는 마음에 고발정신과 비판 의식이 투철했던 정약용은 그를 시기하던 부패 관료들의 드센 반발에 의해 벼슬을 박탈당하고 죄인이 된다. 중죄인이 된 정약용의 집안은 패가망신했으며 주변 사람들은 끝없는 절망과 참혹한 고통을 겪어야 했다. 정약용은 유배 생활 중 고향에서 찾아온 큰아들 학연의 절을 받고 가족들 걱정으로 눈에 그렁그렁 눈물이 맺히면서 감정이 북받쳐 오른다. 학연에게 가족의 안부를 묻고 자신 때문에 아들 벼슬길이 막혀 가슴이 아프다고 말하는 구절에서 한 집안의 가장으로서 책임을 다하지 못하고 정작 자기와 가장 가까운 사람들에게 피해를 주는 것에 대해 미안하고 안타까워하는 마음이 나타나 있다.

가화만사성이란 가족이 화목해야 모든 일이 잘 풀린다는 뜻이다. 정작 자신의 가족은 챙기지 못하고 남을 먼저 생각하는 것은 기본이 흔들리는 삶의 방식이다.

따라서 '자신이 힘들어도 남을 위해 사는 것이 잘 사는 것이다.'는 논제에 반대한다.

교차 질의(교차 조사 Cross Examination)

교차 질의는 입론이나 반론에서 토론자의 발언 내용을 확인하는 과정입니다. 즉 입론에 대해 반론을 펼치거나 또는 반론에 대해 재반론하기 위해 상대방의 발언 내용에 대해 질문하는 과정입니다. 상대방이 말한 바를 조사한다고 하여 '교차 조사' 또는 '확인 질문', '상호 질문', '심문'이라고도 합니다.

원래 교차 조사와 교차 질의는 형식에 있어서 조금 차이가 있습니다. 교차 질의는 각 팀의 순서와 상관없이 토론자가 서로 질문과 답변을 할 수가 있습니다. 반면 교차 조사는 질문을 하거나 답변을 하는 순서가 명확히 정해져 있습니다. 토론의 형식에 따라서 적절한 방식을 사용합니다. 여기서는 교차 질의라는 용어를 사용하겠습니다.

일반적으로 교차 질의를 반론하기 위한 전 단계 정도로 여겨 과소평가하는 경향이 있습니다. 그러나 상대방의 발언 내용을 잘 듣고 문제점을 파악한 뒤 그것으로부터 상대방의 논점이나 논거의 허점을 예리하게 찾아내야 하기 때문에 결코 소홀히 할 수 없는 중요한 과정입니다. 이런 점에서 교차 질의는 상대방의 발언 내용을 단순히 확인하는 수준에 머무는 것이 아니라 질문을 통해 토론의 흐름을 주도할 수 있는 중요한 과정입니다.

교차 질의의 내용과 방법은 다음과 같습니다.
1) 상대방이 발언한 내용에 대해서만 질문해야 합니다.
2) 상대방의 논점이나 발언 내용의 허점에 대해 질문합니다.
3) 논점을 뒷받침하는 논거의 타당성에 대해 질문합니다.
4) 발언 내용을 단순히 확인하는 질문은 피합니다.

5) 교차 질의 시 '…에 대해 어떻게 생각하느냐?'는 식의 개방형 질문은 피하는 것이 좋습니다.

6) 교차 질의 시 가급적 '예/아니오'와 같은 단답형 대답을 유도하는 질문이 바람직합니다.

7) 짜임새 있게 단계별로 질문합니다.

8) 일련의 질문은 어떤 결론에 도달해야 합니다.

9) 질문자는 상대방에게 예의 있는 태도로 질문해야 합니다.

10) 답변자는 성실하게 답변할 의무가 있습니다.

반론(Rebuttal)

토론의 묘미는 반론에 있습니다. 토론은 서로 다른 입장을 전제로 대립된 의견을 논의하는 것이므로 반론은 토론에서 가장 핵심적인 단계입니다. 반론은 상대방 주장의 허점이나 부족한 점을 지적하고 왜 잘못되었으며 어떤 점에서 오류가 있는지를 밝히는 부분입니다.

주장이나 의견은 항상 반론의 대상이 되기 마련입니다. 그러므로 자신의 주장이나 의견의 강점을 바탕으로 상대방의 약점을 비판하는 자세가 필요합니다. 상대방이 나의 약점에 대해 타당한 비판을 했다면 유연하게 받아들이고, 더불어 나 역시 상대방의 주장이나 의견에 대해 타당한 근거를 가지고 건전하게 비판하는 태도를 취해야 합니다.

반론의 방법은 다음과 같습니다.

1) 상대방의 논점이 논제에서 벗어나지 않았는지 검토합니다.

2) 상대방의 근거가 타당한지 검토합니다.

3) 상대방의 주장이나 근거를 활용하여 반박합니다.

반론에서 주의할 점은 다음과 같습니다.

1) 입론에서 제시하지 않은 논점을 들어 반론해서는 안 됩니다.

2) 효율적인 반론 전략을 세워야 합니다.

3) 상대방 주장의 반박과 더불어 자신의 주장도 강화해야 합니다.

최종 발언(Final Statement)

최종 발언은 글로 따지면 결론에 해당합니다. 지금까지 토론한 내용을 간략하게 요약, 정리하고 논제에 대한 자신의 입장을 청중을 향해 다시 한 번 선명하게 부각하는 단계입니다. 또한 청중을 설득하는 단계이기도 합니다. 그러므로 자신의 입장을 대변할 수 있는 비유나 일화 등을 들어서 청중에게 선명한 인상을 남기는 자세가 필요합니다.

최종 발언의 순서는 다음과 같습니다.

1) 논제에 대한 자기 팀의 입장과 논점을 간략하게 정리합니다.

2) 자기 팀의 논점에 대한 상대 팀의 반박을 간략하게 정리하고,

이에 대해 자기 팀의 전체적인 입장을 밝힙니다.

3) 토론 내용을 압축해 담을 수 있는 비유나 일화 등을 활용하여 청중을 설득합니다.

독서 토론의 실전 2 : 토론 개요서 작성

토론 개요서는 토론 활동을 위한 안내 표지와 같은 역할을 합니다. 친한 친구들과 함께 배낭여행을 떠나는 상상을 해 봅시다. 떠나기 전에 친구들과 모여서 지도와 계획서를 놓고 행선지를 검토하고 각자 챙겨야 할 준비물을 나눕니다. 또 여행하는 동안 일어날 수 있는 위험이나 재난에도 대비해야 합니다. 이 같은 점검과 준비 과정 없이 여행을 떠나면 어떻게 될까요? 이동 과정에 차질이 생겨 스케줄이 엉망이 되거나 가져간 돈보다 훨씬 많은 돈을 사용해 곤란해질 수도 있고 서로 의견이 엇갈려서 싸울 수도 있을 것입니다.

토론 활동에서 토론 개요서가 준비되지 않는다면 어떤 상황이 될까요? 상대방의 전략에 제대로 대비하지 못했기 때문에 상대방의 흐름에 끌려가게 되고 준비한 주장이나 자료를 제대로 활용할 수도 없게 됩니다. 팀원과 함께하는 토론일 경우 팀원들끼리 서로 논리적으로 모순되는 발언을 하게 될 수도 있습니다. 그러므로 토론 개요서는 꼭 필요합니다.

그렇다면 토론 개요서를 작성하면 어떤 장점이 있을까요?

무엇보다 토론의 전략을 체계화할 수 있습니다. 주장은 몇 개로 정할지 근거를 어떻게 연결할지를 한눈에 파악해 볼 수가 있습니다. 어떻게 주장을 펼쳐갈지 머릿속으로 그려 볼 수 있습니다. 또 상대방의 전략에 대한 대비가 가능합니다. 찬반 양쪽의 논점과 논거를 대조하면서 비교, 정리하기 때문에 상대 팀의 전략을 예측하고 이에 대비하는 안목을 갖출 수 있습니다.

토론 개요서의 작성 시 필요한 기준은 다음의 세 가지로 정리할 수 있습니다.

1) 논리적 흐름에 따라 논점에 번호를 붙여 일목요연하게 정리합니다.

2) 논점을 받쳐 주는 논거를 간략하게 정리하여 전체적인 윤곽이 드러나도록 합니다.

3) 근거 자료 역시 일목요연하게 정리하고, 자세한 자료는 논거 카드로 정리합니다.

토론 개요서에 담길 구체적인 내용에는 어떤 것들이 있을까요?

1) 먼저 자기 팀의 논점과 논거를 정리합니다.

2) 그에 대해 예상되는 반론과 반론에 대한 대책을 마련합니다.

3) 상대 팀의 논점과 논거를 찾아봅니다.

토론 개요서의 예

저자	양태석	도서	백성이 잘사는 나라를 꿈꾼 실학자 정약용

논제	자신이 힘들어도 남을 위해 사는 것이 잘 사는 것이다.

용어 정의	1) 자신이 힘든 것 : 자신의 몸과 마음이 어려워지거나 사회적 지위가 곤란해지는 　상황. 2) 남을 위해 사는 것 : 자신의 편리와 이익을 생각하지 않고 삶의 중심을 남에게 두 　어 희생하며 사는 것. 3) 잘 사는 것 : 자신과 가족의 삶이 가치 있고 보람되어 만족하며 사는 것.

		찬성 측	반대 측
주장 1	주장	역사적으로 큰 업적을 남긴다.	뜻을 달리하는 사람들로부터 미움을 받을 수 있다.
	근거	학문에 대한 열정과 백성을 사랑하는 마음으로 500권이 넘는 책을 집필함. 다산의 음력 생일은 '유네스코 연관 기념일'로 선정됨.	나라와 백성들이 잘 살기 위해서는 사회 제도의 근본적인 개혁이 필요함을 역설함. 정약용의 발언으로 인해 미움을 받아 귀양살이함.
주장 2	주장	후손들이 잘 사는 나라가 된다.	자신의 삶이 가장 중요하다.
	근거	늘 백성들이 잘 사는 나라를 위해 고민하고 연구함. 그 당시의 관리들이 정약용과 같았다면 더욱 백성들이 잘 사는 나라가 가능함.	18년 동안 강진에서 유배 생활로 고초를 겪음. 백성이 잘 사는 나라를 위해 복사뼈에 세 번이나 구멍이 나도록 집필에 집중함.
주장 3	주장	이타주의는 결국 자신에게 돌아오므로 가장 좋은 삶의 방법이다.	가족과 가까운 사람들이 피해를 본다.
	근거	정약용이 황해도 곡산 부사로 임명되었을 때 백성들의 어려운 생활을 적극적으로 해결해 줌. 후일 본인이 어려운 상황에 처했을 때 도움을 주었던 백성으로부터 도움을 받아 결국 처형을 면하게 됨.	정약용의 행동으로 인해 집안은 패가망신하고 고초를 겪게 됨. 큰아들 학연에게 자신으로 인해 자식의 벼슬길이 막혀 가슴이 아프다고 고백함.

4) 상대 팀의 논점과 논거에 반론할 만한 문제점을 분석합니다.

5) 자기 팀의 논점과 논거에 대한 상대 팀의 반론을 예측하고, 이에 대해 대책을 세웁니다.

독서 토론의 실전 3 : 토론의 마무리는 글쓰기

글쓰기의 중요성은 누구나 알고 있습니다. 현재 대학 입시에도 논술로 평가하는 논술 전형 제도가 있습니다. 대입 논술 시험을 앞두고 고액의 비용을 내고라도 배우려고 하는 학생들이 줄을 섭니다. 하지만 논술은 단기간에 배워서 할 수 있는 게 아닙니다. 논술을 잘하기 위해서는 꾸준히 책을 읽고 생각을 많이 하며 자신만의 생각을 정리할 수 있어야 합니다.

논술은 자기의 생각을 논리적으로 설득하기 위해 표현하는 글입니다. 그래서 논술과 토론은 서로 많이 닮았습니다. 흔히 "토론은 말로 하는 논술이고, 논술은 글로 쓰는 토론"이라고 합니다. 토론과 글쓰기는 밀접한 관계에 있습니다. 토론을 소홀히 한 글쓰기는 반쪽에 불과하고 반대로 글쓰기를 소홀히 한 토론도 반쪽에 불과합니다. 토론과 글쓰기는 같이 진행할 때 서로의 효과를 높일 수 있습니다.

보통 학생들은 글쓰기를 꺼립니다. 평소 주제에 대해서 생각을 해 본 적이 없는데 갑자기 글을 쓰라고 하니 당연히 재미도 없고 힘들겠지요. 그렇지만 토론은 다릅니다. 토론의 진행 과정 자체가 각각의 순서를 통해서 글쓰기를 하게 만듭니다. 또한 토론 후의 글쓰기는 토론한 내용을 환기합니다. 본인이 경험했던 것을 토대로 잘했던 부분, 개선할 부분을 생각하면서 글을 쓸 수 있기 때문에 글쓰기도 훨씬 더 쉽고 오랫동안 기억에 남습니다.

토론 후의 글쓰기는 다음의 몇 가지를 참고하면서 가볍게 써 보는 것이 좋습니다.

- 토론을 하면서 배운 점이나 반성할 부분
- 토론을 하면서 가장 재미있었던 부분
- 토론에서 가장 기억에 남는 부분
- 다음 번 토론 시 적용하고 싶은 부분

이렇게 처음에는 기억에 남고 의미가 있는 내용 위주로 씁니다. 그러다가 점차 익숙해지면 토론 시 자신이 펼쳤던 주장과 근거에 대한 생각, 토론 전과 후의 변화된 구체적인 내용을 쓰도록 합니다.

글쓰기에 취약한 학생들을 위해서 툴민의 6단 논법이라는 방법을 소개하겠습니다. 6단 논법은 1958년 스티븐 툴민이 영국 케임브리지 대학 박사학위 논문 〈논술의 활용〉에서 발표한 것으로, 그는 글쓰기 모형에는 모두 여섯 가지의 요소가 들어 있다고 주장했습니다. 후에 이 주장은 논술에 영향을 주었고, 특히 토론 분야에서 글쓰기 방법론으로 중요한 역할을 차지하고 있습니다.

6단 논법의 순서는 다음과 같습니다.

안건 — 결론 — 이유 — 설명 — 반론 꺾기 — 정리

이 순서는 목적과 상황에 따라 얼마든지 어떤 형태로든 바꿀 수 있으며, 또 어떤 부분은 생략할 수도 있습니다. 각 순서를 구체적으로 설명하자면,

1단계 — 안건

어떤 상황이 일어난 상태입니다. 주제 속에서 안건을 정하며, 찬성과 반대가 서로 맞설 수 있는 것으로 합니다.

예) 자리는 선생님이 정해 주는 대로 앉아야 한다.

2단계 — 결론

찬성인지 반대인지, 자기가 내리고 싶은 결론을 먼저 내립니다.

예) 나는 그 안건에 찬성한다.

3단계 — 이유

2단계에서 결정한 결론에 대한 이유를 말합니다. 그 이유가 옳은 이유인지 '왜?' 하고 여러 번 다시 물어서 숨은 이유를 찾아냅니다. 이유는 안건과 관계가 있어야 하며 여러 가지 것을 포함하는 '큰 생각'이어야 합니다. 이유는 토론에서 가장 중요한 핵심입니다.

예) 그 이유는 ~하기 때문이다.

4단계 — 설명

3단계의 이유에 대한 설명을 하는 것입니다. 이유에 대한 옳고 그름을 생각하는 제2의 '왜?'를 묻는 과정이 설명입니다. 실험 결과, 실증적인 것, 통계, 신문 기사, 백과사전, 인터넷 자료, 논문, 전문가 의견, 어떤 신념, 비교, 비유, 경험 등의 예를 들기도 합니다.

5단계 — 반론 꺾기

반대 측에서 말하는 이유, 즉 반론이 있을 것이라고 미리 예상하여 꺾어 버리는 것을 말합니다.

예) 물론 ~할 수도 있지만 ~하다. 그렇게 생각할 수도 있지만

6단계 — 정리

어떤 일이든 절대적이지 않고 예외가 있는데, 그 예외를 말하면서 자기의 주장을 확실히 하는 것입니다.

예) ~를 하지 않는 한, ~에 달려 있지만

다음의 예시 글로 6단 논법의 순서를 연습해 봅시다.

다음은 아이를 학원에 꼭 보내려는 엄마와 안 가겠다는 성수의
대화다. 엄마와 성수의 대화를 통해서 무엇이 문제인지 찾아보자.

성수   꾸물대지 말고 어서 가지 못해?
엄마   나 정말 가기 싫어, 엄마.
엄마   엄마가 학원비로 얼마를 내는지 몰라서 그래?
성수   그래도 배우는 게 없는걸, 가면 뭘 해!
엄마   모두 너를 위한 거다. 엄마의 사랑을 그렇게 모르겠니?

비싼 학원비와 엄마의 사랑 때문에 학원에 가야 한다는 엄마의
일방적인 주장을 성수는 이해할 수 없다. 엄마의 논리가 타당하다
는 생각이 들지 않기 때문이 아닐까? 성수는 학원에 가 봐도 "배우
는 게 없다"고 생각한다. 그래서 가고 싶지 않다. 학원에 가면 뭔가
배울 수 있을 텐데도 성수는 배우는 것이 없다고 생각하기 때문에
학원에 가고 싶지 않은 것이다. 학원에 가기 싫어하는 성수를 밀
다시피 내보내는 부모가 성수를 설득하기 위해서는 어떻게 해야
하는가?

이 상황을 6단 논법으로 표현하면 다음과 같습니다.

안건 : 성수는 학원에 가야 한다.

결론 : 그렇다.

이유 : 학원에 가면 더 배운다.

설명 : 학원은 과목별로 선생님이 책임지고 가르치고, 시간에 따라 정해진 과목을 배우도록 되어 있고, 공부하러 온 친구들이 있어서 학습 분위기가 조성되어 있다.

반론 꺾기 : 집에서 스스로 공부하면 된다는 반론이 있을 수 있다. 그러나 성수는 모르는 것이 많고, 동생들은 옆에서 놀고 TV를 보고 전화도 자주 오므로 집에서는 공부를 하기가 힘들다.

정리 : 학원 선생님이 엉터리라든가 친구가 심하게 괴롭힌다든가 하는 어떤 특별한 이유가 있으면 학원에 가지 않아도 된다. 하지만 그런 일이 없다면 성수는 학원에 가야 한다.

독서 토론 실전 클래스

『왜 이성계는 위화도에서 군대를 돌렸을까?』

◆ 내용 소개

1388년 철령 이북의 땅을 내놓으라는 통보를 한 명나라에 반발한 최영과 달리 이성계는 명나라의 요청을 받아들이는 입장을 취한다. 이에 우왕과 최영은 이성계에게 명나라를 공격하라고 명하였지만 명나라를 칠 시기가 적절치 않다고 생각한 이성계는 위화도에서 개경으로 회군한다. 이후 이성계는 최영을 내쫓고 조정을 장악한다.

　이 책은 초·중·고 교과서에서 중요하게 다루는 한국사 속 사건들을 재판 형식으로 재구성하여 한국사에 등장하는 인물들을 원고와 피고, 그리고 증인으로 나누고 그들의 주장을 제시한다. 역사 속에서 승자로 남은 이성계의 입장뿐만 아니라 패자로 남은 최영의 입장 또한 제시하기 때문에 사건을 보다 입체적으로 바라보는 데에 도움을 준다.

◆ 생각 발견하기

1. '조선' 하면 떠오르는 것을 적어 보세요.
2. 이성계의 업적을 찾아 적어 보세요.
3. 쿠데타(무력으로 정권을 잡는 것)에 대한 자신의 생각을 적어 보세요.

◆ 내용 이해하기(내용을 토대로 발문하기)

1. 위화도는 어디에 있는 섬인지 찾아 적어 보세요.

2. 위화도 회군 당시 군사 통수권을 가지고 있던 장군으로서 이성계와 대립했던 장군은 누구인지 알아보고 그의 업적을 적어 보세요.

3. 이성계가 위화도 회군을 하게 된 명분으로 내세운 사불가론에 대해 적어 보세요.

◆ 책의 내용으로 토의·토론하기

1. 이성계가 위화도 회군을 한 후 정권을 잡지 못했다면 어떻게 됐을지 이야기를 나눠 보세요.

2. 이성계가 정권을 잡고 나서 고려를 성공적으로 개혁했더라면 지금 우리나라는 어떻게 되었을지 토의해 보세요.

논제 : 이성계의 위화도 회군은 정당하다.

반대팀 입론

안녕하십니까? 저는 '이성계의 위화도 회군은 정당하다.'는 논제의 반대팀 입론을 맡은 ○○○입니다.

논의 배경을 말씀드리면, 고려는 북쪽의 홍건적과 남쪽의 왜구의 잦은 침입으로 인해 어려움을 겪고 있었습니다. 그러던 1388년, 명나라는 고려에게 철령 이북 지역의 땅을 내놓으라는 통보를 합니다. 이에 고려 조정은 받아들일지 거부할지 정하지 못한 상태였고, 그 당시 명장이었던 최영과 이성계도 서로 의견이 엇갈렸습니다. 결국 상관인 최영의 지시하에 명나라를 치기 위해 출정했지만 이성계는 위화도에서 군대를 돌려 개경으로 향했습니다. 오늘날까지도 위화도 회군은 후손들에게 도움이 되었다, 도움이 되지 않았다며 의견이 갈리고 있습니다. 이번 토론을 통해 이성계의 위화도 회군은 정당한지 알아보고자 합니다.

먼저 용어 정의를 하겠습니다.
'이성계'는 조선을 건국한 조선 1대 왕 태조이고, '위화도 회군'은 1388년 요동 정벌을 위해 군사를 이끌고 압록강 하류 위화도까지 이른 이성계가 개경으로 군사를 돌려 돌아온 사건입니다. '정당하다'는 이치에 맞고 마땅하다는 의미입니다.

우리 팀의 주장을 세 가지로 요약해서 말씀드리겠습니다. 첫째, 이성계는 왕의 명령을 어겼고 둘째, 사불가론은 이성계의 변명이었고 셋째, 이성계의 위화도 회군은 자신의 권력을 잡기 위한 쿠데타였습니다.

첫째, 이성계는 왕의 명령을 어겼습니다.

토론 도서의 94쪽을 보면 "자신이 국왕의 명령을 어긴 반역자라는 혐의에서 벗어나려고 하고 있다."라고 나와 있습니다. 당시 고려 조정에서 반역죄는 죄목 중에서도 중죄에 해당했습니다. 이것은 고려 조정을 부정하고 왕권에 도전하겠다는 의미입니다. 이런 큰 죄에 대해 이성계가 누구보다 잘 아는데도 불구하고 요동 정벌에서 드러난 모든 책임을 최영에게 뒤집어씌웠고, 나중에는 우왕도 내쫓았습니다.

둘째, 사불가론은 이성계의 변명입니다.

첫 번째로 "작은 나라가 큰 나라를 거스르는 일은 옳지 않다."라고 말한 것이 변명인 이유는 명나라는 당시 원나라와 전쟁 중에 있었으므로 우리가 요동으로 진격하면 충분히 승산이 있었다는 점입니다.

두 번째로 "농사철인 여름에 군사를 동원하는 것은 부적당하다."가 변명인 이유는 일손 부족이나 토지 관리의 문제를 근거로 한 것이겠지만, 우리가 공격하고자 하는 요동 땅은 기름져서 그들이 농사지은 것을 고려군이 가을에 수확할 수 있기에 가능합니다.

세 번째로 "요동을 공격하는 틈을 타서 남쪽에서 왜구가 침범할 염려가 있다."가 변명인 이유는 왜적이 공격해 온다 해도 남쪽에 주둔해 있는 군사로도 충분히 대응이 가능하기에 이것은 평계에 불과

합니다.

마지막으로 "무덥고 비가 많이 오는 시기라 활의 아교가 녹아 무기로 쓸 수 없고 병사들도 전염병에 걸릴 염려가 있다."가 변명인 이유 또한 활의 아교가 녹아 무기로 쓸 수 없다는 것은 명나라도 같은 입장이고 오히려 중국은 예로부터 장마철 전투를 싫어해서 우리가 진격하면 요동 정벌은 우리에게 더욱 유리하기 때문입니다.

따라서 이성계의 사불가론은 변명이라고 생각합니다.

셋째, 이성계의 위화도 회군은 자신의 권력을 잡기 위한 쿠데타였습니다.

본문 103쪽과 같이 위화도 회군은 처음부터 이성계가 권력을 장악하기 위해 벌인 계획적인 반역 행위였습니다. 우왕을 쫓아내고 개경을 점령하고 최영을 귀양 보낸 다음 두 달 만에 처형시켰습니다. 백성들의 삶을 개선하기 위한 구체적인 방안을 마련하지도 않고 오히려 반역의 혐의를 벗기 위해 권력 장악에만 몰두해 있었습니다. 이것은 결국 철저한 계획이 있었다는 것입니다. 당시 고려 왕실은 군사적으로나 정치적으로 이성계에게 대응할 힘이 없어서 죽임을 당했습니다. 왕 씨 집안을 몰살시킨 것, 백성을 사랑한다면서 두문동산에서 많은 사람을 죽인 것은 결코 옳은 일이 될 수 없습니다. 그는 자신의 야심을 위해 사람들을 배신하였습니다.

따라서 이번 논제인 이성계의 위화도 회군은 정당하다에 강력히 반대하는 바입니다.

찬성팀 입론

안녕하십니까? 저는 찬성팀 입론을 맡은 ○○○입니다.

고려는 명나라가 차지한 요동 땅을 수복하기 위해 이성계와 5만 군사를 출정시켰습니다. 하지만 이성계는 압록강의 위화도에서 군사를 돌려 개경을 점령하고 우왕을 폐위시켰고 요동 정벌을 주장한 최영을 죽였습니다. 이 사건을 위화도 회군이라고 하는데 오늘은 이와 관련된 토론을 하고자 합니다.

용어 정리를 하겠습니다.

'위화도'는 압록강 하류에 위치한 섬으로 요동 정벌을 위해 꼭 거쳐야 하는 곳입니다. '회군'은 군대를 돌리는 것을 말합니다.

우리 팀의 주장을 세 가지로 요약해서 말씀드리겠습니다. 첫째, 위화도 회군이 정당한 이유인 사불가론이 있었고 둘째, 요동 정벌을 진행하면 고려는 큰 위기에 처했을 것입니다. 셋째, 그 당시 고려는 큰 개혁이 필요했습니다.

첫째, 위화도 회군이 정당한 이유인 사불가론이 있었습니다.

이성계는 요동 정벌의 네 가지 반대 이유인 사불가론을 주장했습니다. 첫째, 작은 나라 고려는 큰 나라인 명나라를 치는 것이 옳지 않았습니다. 둘째, 농번기인 여름에 출병하면 농사지을 사람이 없습니다. 셋째, 병력을 모두 요동에 집중하면 남쪽은 병력이 적어 왜나 해적에게 약탈당하기 쉽습니다. 넷째, 이 무렵은 비가 많이 와 활의 붙임이 풀려 제 기능을 못하고 군인이 질병에 걸릴 가능성이 높습니다.

둘째, 요동 정벌을 진행하면 고려는 큰 위기에 처했을 것입니다.
당시 고려는 권문세족의 수탈로 일반 백성들이 너무 힘든 생활을 하였고 왕과 귀족의 횡포로 국가 경제가 붕괴되고 있었습니다. 밖으로는 홍건적과 왜구의 공격으로 온 나라가 혼란스러웠습니다. 이러한 어렵고 위태로운 시점에 그 당시 떠오르는 강대국인 명나라와 전쟁을 하였다면 많은 사람들이 다치거나 죽을 수 있고 나아가서는 나라마저 위태로울 수 있었을 것입니다.

셋째, 그 당시 고려는 큰 개혁이 필요했습니다.
일반 백성들은 힘들고 고단한 삶을 살았고 고려의 정치 경제는 부정부패와 경제 위기로 상황이 나빴습니다. 그러나 왕과 권문세족들은 개혁을 원하지 않았고 기득권에 안주하려고 하였습니다. 이에 고려에 큰 개혁이 필요하다고 생각한 이성계와 신진사대부는 위화도 회군을 틈타 새나라 조선을 건국하게 되었습니다.

이성계의 위화도 회군이 없었다면 찬란한 조선왕조 500년도 없었을 것입니다. 이상으로 마치겠습니다. 감사합니다.

교차 질의

반대팀 반대를 맡은 우리 팀이 먼저 질문을 드리겠습니다. 상대 팀 토론자께서는 첫 번째 주장으로 사불가론을 말씀하셨는데 맞습니까?

찬성팀 맞습니다.

반대팀 하지만 사불가론은 몇 가지 오류가 있습니다. 첫 번째 오류는 '작은 나라가 큰 나라를 거스르는 일은 옳지 않다.'입니다. 명나라는 당시 원나라와 전쟁 중이었으므로 우리가 요동으로 진격하면 승산이 있지 않겠습니까?

찬성팀 명나라는 강대국이었습니다. 두 나라가 쳐들어 와도 명나라 입장에서는 충분히 막을 수 있었을 것입니다. 이번에는 제가 질문하겠습니다. 토론자께서는 두 번째 주장인 '사불가론이 변명이다.'에서 요동은 기름지다고 하셨는데 맞습니까?

반대팀 네, 맞습니다.

찬성팀 그렇다면 병사들이 원정을 가는데 과연 요동에서 농사를 지을 수 있겠습니까?

반대팀 가능합니다. 요동 지역에도 분명 농사짓는 백성들이 많이 있었을

71

테고 전쟁이 일찍 끝나면 병사들도 충분히 같이 일할 수 있기 때문입니다. 그러면 다음 질문으로 넘어가겠습니다. 이성계가 위화도 회군을 하였다 해도 왕의 명령을 무시한 것은 반역죄와 다름없지 않습니까?

찬성팀   아닙니다. 그것은 나라의 미래를 생각한 결단이었고 이성계의 결단이 없었다면 찬란한 조선왕조 500년도 없었을 것입니다.

반대팀   하지만 그 조선을 건국하는 과정은 아주 험악하고 잔인하지 않았습니까?

찬성팀   역사에서도 그렇듯이 나라를 건국하는 과정에서 큰 업적을 위해서는 작은 희생이 따를 수 있는 법입니다.

반대팀   하지만 그것은 작은 희생이 아닙니다. 그 많은 백성들의 아픔과 고통을 작은 희생이라고 할 수 있습니까?

찬성팀   나라를 세우는 데 있어서는 어쩔 수 없는 과정이었습니다. 그래도 그 결과로 인해 세워진 조선왕조 500년에 비하겠습니까?

반대팀   좀 생각해 보십시오. 당시 백성들에게는 500년 가까이 유지하던 고려 왕조가 없어지고 조선이라는 새로운 나라가 세워지는 상황에서 여러 가지 혼란과 어려움이 있지 않겠습니까?

찬성팀   그러면 어떻게 어려움을 겪었다는 말씀입니까?

반대팀   당시에 백성들은 홍건적과 권문세족으로 많은 어려움을 겪고 있었습니다. 조선이라는 새로운 나라를 세운 것은 인정하지만 그래도 이성계는 잘못된 방법으로 만들지 않았습니까?

[찬성팀] 비록 험악하고 잘못된 방법으로 왕위에 올랐다 해도 그 후부터는 좀 더 나아지는 생활을 하지 않았습니까?

[반대팀] 구체적으로 어떻게 나아진 생활을 하였는지 말씀해 주십시오.

[찬성팀] 구체적으로 일일이 다 말할 수는 없지만 후에 세종대왕이나 영조, 정조의 훌륭한 업적도 있었고, 그런 것들을 통해 백성들이 더 나은 생활을 할 수 있지 않았습니까?

[반대팀] 그렇지만 제가 말씀드리는 것은 이성계가 위화도 회군을 해서 그 당시에 백성들이 많이 슬퍼했던 과정입니다. 이상입니다.

반대팀 반론

안녕하십니까? 반대팀 반론을 맡은 ○○○입니다.

오늘 토론의 논제인 '이성계의 위화도 회군은 정당하다.'에 상대측은 다음과 같은 세 가지 이유를 들어 찬성하셨습니다. 그 이유를 다시 한 번 요약해 보겠습니다. 첫째, 정당한 이유는 바로 사불가론 때문이다. 둘째, 요동 정벌을 진행하면 큰 위기에 처했을 것이다. 셋째, 그 당시에는 큰 개혁이 필요한 때였다. 그러나 우리 팀은 세 가지 주장에 동의할 수 없으며 이 주장에 대해 반박을 시작하도록 하겠습니다.

첫 번째 주장으로 정당한 이유가 사불가론 때문이라고 하셨는데 저희는 이 주장에 동의할 수 없습니다. 사불가론은 반역자인 이성계의 핑곗거리였습니다. 우선 명나라는 원나라와 전쟁 중이었으므로 우리가 요동으로 진격하면 승산이 있었습니다. 두 번째로 농사철인 여름철에 군사 작전이 불가하다고 말했는데 요동 땅은 기름지기 때문에 그들이 농사지은 것을 고려군이 가을에 수확해 차지할 수 있었습니다. 그리고 다음으로 왜구가 쳐들어온다고 해도 남쪽에 왜구를 막을 군대 정도는 충분했습니다. 마지막으로 활이 녹아 무기로 쓸 수 없다는 것은 명나라도 같고, 중국 또한 예로부터 장마철 전투를 매우 싫어하였습니다. 그래서 우리가 진격을 한다면 요동 정벌은 가능했습니다. 따라서 이성계의 사불가론은 변명이라고 생각합니다.

두 번째 주장으로 요동 정벌을 진행하면 큰 위기에 처했을 것이라고 주장하셨는데 저희는 이 주장에도 동의를 할 수 없습니다. 고려뿐만 아니라 명나라의 상황 또한 좋지 않았습니다. 그 당시 명나라는 원나라와 전쟁을 해서 매우 혼란스러웠습니다. 따라서 위화도 회군을 하지 않았더라면 좋은 땅을 얻을 수 있었을 것입니다.

세 번째 주장으로 그 당시 큰 개혁이 필요했다고 하셨는데 저희는 이 주장에도 동의할 수 없습니다. 개혁이 중요합니까? 백성들의 목숨이 중요합니까? 두말할 것 없이 목숨이 훨씬 더 중요합니다. 이성계는 개혁이라는 명목으로 조선을 세운 과정에서 너무나 잔인한 방법을 사용하여 수많은 백성들의 목숨을 빼앗았습니다. 그것 또한 백성을 위해서라고 하지만 결국 자신의 권력을 내세우기 위해서였습니다.

토론 도서의 300쪽에 있는 것처럼 위화도 회군은 처음부터 이성계가 권력을 장악하기 위해 벌인 계획적인 행위였습니다. 우왕을 쫓아내고 개혁을 하겠다며 최영을 귀양 보내고 두 달 뒤에 처형시켰습니다. 백성들의 삶을 개선하기 위한 구체적인 방안을 마련하지도 않고 오히려 반역의 혐의를 벗기 위해 권력 장악에만 몰두해 있었습니다. 또한 고려 왕실은 군사적으로나 정치적으로나 이성계에게 대항할 힘이 없어 멸망할 수밖에 없었습니다.

왕 씨 집안을 몰살시키고, 백성을 사랑한다면서 두문동산에서 사람을 많이 죽였는데 이는 옳지 않은 일이라고 생각합니다. 토론 도서의 17쪽과 같이 이성계의 이면에는 고려 지우기라는 얼굴도 있었습니다.

따라서 저희 반대팀은 오늘 토론의 논제인 '이성계의 위화도 회군은 정당하다.'에 정당하지 않다고 강력히 주장합니다. 이상 반대팀 반론을 마치도록 하겠습니다.

찬성팀 반론

안녕하십니까? 찬성팀 반론을 맡은 ○○○입니다.

오늘 토론의 논제인 '이성계의 위화도 회군은 정당하다.'에 대해 상대측은 다음과 같은 세 가지 이유를 들어 반대하셨습니다. 첫째 이성계는 왕의 명령을 어겼다. 둘째 이성계의 사불가론은 변명에 불과하다. 셋째 이성계의 위화도 회군은 쿠데타에 불과하다. 그러나 우리 팀은 상대 팀의 이 세 가지 주장에 동의할 수 없으며 이 주장에 대해 반박을 시작하겠습니다.

첫 번째 주장으로 이성계는 왕의 명령을 어겼다고 하셨는데 저희는 이 주장에 동의할 수 없습니다. 비록 왕의 명령은 요동 정벌이었지만 그 당시의 정세를 볼 때 요동 정벌은 정말로 무모한 선택이었습니다. 나라의 현실과 백성의 안위는 생각하지 않은, 감정에 치우친 잘못된 결정이었습니다.

두 번째 주장으로 이성계의 사불가론은 변명에 불과하다고 하셨는데 저희는 이 주장에도 동의할 수 없습니다. 이성계의 사불가론과 같이 작은 나라가 큰 나라를 치는 것은 매우 어렵고, 여름철에 군사를 일으키는 것은 좋지 않습니다. 또한 원정을 가면 왜구가 쳐들어올 수도 있고, 비가 많이 와서 군사들이 질병에 걸리면 공격이 매우 어려울 것입니다. 원나라와의 전쟁 직후여서 명나라의 기운

이 떨어질 수 있다는 것은 어느 정도 인정합니다. 하지만 원나라는 그 당시 고려보다 훨씬 큰 나라였습니다. 명나라는 원나라의 군사를 무찌를 수 있을 만큼 큰 군사력이 있었기 때문에 우리가 명나라를 치는 것은 어려울 것이라고 생각합니다. 또한 왜구가 쳐들어올 때 대비할 충분한 군사가 있다고 하는데 거기에 대한 정확한 근거가 없기 때문에 인정할 수 없습니다.

세 번째 주장으로 이성계의 위화도 회군은 쿠데타에 불과하다고 하셨는데 저희는 이 주장에도 동의할 수 없습니다. 고려 왕실 입장에서는 쿠데타에 불과할지 모르지만 이성계는 결국 위대한 나라 조선을 세워 지금의 대한민국이 존재하는데 보탬을 주었습니다.

따라서 우리 찬성 팀은 오늘 토론의 논제처럼 '이성계의 위화도 회군은 정당하다.'고 생각합니다. 이상 찬성팀 반론을 마치겠습니다.

교차 질의

[찬성팀] 조금 전 명나라는 원나라와의 전쟁으로 매우 혼란스러운 시기였다고 설명하셨는데 맞습니까?

[반대팀] 네, 맞습니다.

[찬성팀] 그 당시 고려도 많이 혼란스럽지 않았습니까?

[반대팀] 물론 고려도 혼란스러웠지만 명나라 또한 혼란스러웠습니다. 그럴

기 때문에 그 당시 고려 입장에서는 충분히 요동 정벌이 가능하였습니다.

찬성팀 명나라도 혼란스러웠고 고려도 혼란스러웠다면 당시 강대국이었던 명나라는 그 혼란스러움이 조선에 비해 상대적으로 적지 않았을까요? 그런데도 왜 공격해야 된다고 생각하시는지 구체적인 근거를 들어서 말씀해 주세요.

반대팀 당시 명나라는 강대국이었고 평상시에 그런 강대국을 상대로 전쟁을 벌이는 것은 잘못된 선택일 수 있습니다. 하지만 그때 명나라는 큰 전쟁을 하고 있었습니다. 그런 기회는 자주 오는 것이 아니기 때문에 우리에게 좋은 기회가 될 수 있었습니다.

찬성팀 그 당시에 명나라가 고려보다 강대국이었다는 것을 인정하십니까?

반대팀 물론 어느 정도는 인정하지만 그래도 그 당시 전쟁을 하고 있지 않았습니까?

찬성팀 하지만 명나라는 강대국이었기 때문에 전쟁을 잘 막아낼 수 있지 않았습니까? 당시 고려는 명나라보다 약한 나라였기 때문에 명나라는 고려도 잘 막아낼 수 있었을 것입니다.

반대팀 그럼 다음 질문으로 넘어가도록 하겠습니다. 새로운 개혁을 만들고 조선을 세웠지만 그 과정은 정말 잔인하고 또 험악했습니다. 이에 대해 어떻게 생각하십니까?

찬성팀 나라를 세우기 위해서는 어쩔 수 없는 상황이었습니다. 하지만 그 후 조선이 있었기 때문에 지금의 대한민국이 있을 수 있지 않습니까?

반대팀 그래도 백성을 희생하면서 권력을 잡으려고 한 것이 옳은 방법이라고 생각하십니까?

찬성팀 하지만 이성계의 위화도 회군이 없었다면 찬란한 조선왕조 500년도 없었을 것입니다.

반대팀 찬성팀 토론자께서 사불가론이 옳다고 주장하는 근거는 무엇입니까?

찬성팀 근거는 이미 입론과 반론에서 충분히 제시했습니다.

반대팀 사불가론을 만든 사람이 누구입니까?

찬성팀 이성계입니다.

반대팀 이성계는 반역자가 아닙니까? 반역자가 사불가론을 만든다면 오류가 있지 않겠습니까?

찬성팀 반역자가 만들었다고 해서 그 주장을 들어 보지도 않고 잘못되었다고 판단하는 것이 옳다고 생각하십니까?

반대팀 이성계는 백성과 최영을 죽이고 또 왕의 명령까지 무시한 반역자이지 않았습니까?

찬성팀 이성계는 사불가론을 주장할 때 고려를 위해서 명나라를 공격하지 말자고 했는데 그것은 우왕과 최영에 의해 거절당해 결국 위화도에서 회군을 하게 된 것입니다. 그렇다면 사불가론을 인정하지 않고 고려를 파멸로 이끈 사람들이 더 애국심이 없는 것 아닙니까?

반대팀 그럼 이성계가 나쁜 마음을 먹고 사불가론을 주장한 것이 아니라 고려를 위해서 한 것이므로 그의 사불가론이 변명이 아니라는 것입니까?

찬성팀 사불가론은 이성계가 위화도 회군을 하기 전에 만든 것입니다. 사불가론으로 고려를 파멸의 길에서 벗어나게 하려고 했는데 우왕과 최영은 사불가론을 거들떠보지도 않고 요동 정벌을 강요했습니다. 그래서 이성계는 위화도까지는 행진했지만 결국 회군을 했습니다. 그렇다면 우왕과 최영이 더 고려를 위한 애국심이 없었던 것 아닙니까?

반대팀 왜 그렇게 생각하십니까?

찬성팀 당시 명나라는 강대국이었기 때문에 고려가 명나라를 공격하면 명나라가 다시 고려를 공격하여 고려가 당할 수 있기 때문입니다.

반대팀 개혁을 조금 늦추더라도 백성들이 행복하게 살게 하면 될 텐데 개혁이라는 이름으로 두문동산에서는 백성을 죽이고 백성들의 문제점을 해결하지 않으려고 하였습니다. 개혁이 중요합니까? 아니면 백성들의 소중한 목숨이 더 중요합니까?

찬성팀 그 당시 개혁은 백성을 위한 마음으로 하였습니다. 당시 권문세족은 백성들을 아주 힘들게 하고 횡포를 부렸습니다. 그 때문에 이성계는 고려를 개혁한 것입니다. 다른 질문하겠습니다. 반론자께서는 요동 땅이 기름지기 때문에 농번기인 여름에 출병을 해도 된다고 하셨습니까?

[반대팀] 네, 맞습니다.

[찬성팀] 그렇다면 요동 땅이 기름진 것과 백성들의 농사가 무슨 관련이 있습니까?

[반대팀] 요동 땅이 기름지기 때문에 그만큼 농사짓는데 유리하다는 것입니다.

[찬성팀] 요동 땅을 얻으려면 명나라를 무찔러야 한다는 것인데 그 당시 우리 고려는 그만한 힘이 있었습니까? 그리고 요동을 정벌하러 가서 요동에서 싸우는데 전쟁 후 폐허가 된 땅에서 어떻게 농사를 지을 수 있겠습니까? 영토만 확장하는 것 아닙니까?

[반대팀] 요동은 기름진 땅이기에 고려가 명나라를 무찌르면 그 후로는 농사를 지을 때에 훨씬 더 많은 수확을 얻을 수 있었을 것입니다.

[찬성팀] 명나라는 우리 고려보다 영토도 넓고 그 당시에는 강대국이었습니다. 그리고 명나라는 결국에 원나라를 굴복시켰습니다.

반대팀 최종 발언

안녕하십니까? 논제 '이성계의 위화도 회군은 정당하다.'의 반대팀 최종 발언을 맡은 ○○○입니다. 이 토론을 통해 이성계의 위화도 회군에 대해 자세히 알게 되어 좋았습니다. 그럼 지금부터 최종 발언을 시작하겠습니다.

　기록에는 이성계의 위화도 회군이 옳다고 나와 있습니다. 하지만 역사의 기록은 승자의 기록입니다. 그래서 이것은 옳다고 할 수 없습니다. 그리고 이성계의 위화도 회군은 고구려 옛 영토 회복이라는 염원을 이루지 못했습니다. 또 고려에는 백성을 보호해야 할 법이 엄연히 존재했습니다. 하지만 이성계는 자신은 옳고 상대방은 틀리다는 흑백 논리로 자신을 반대했던 사람들을 모두 죽였습니다. 또 요동 정벌은 고려의 군사력으로 충분히 가능하였습니다. 하지만 이성계가 위화도에서 회군하여 이것은 실패하였습니다. 조선은 토지를 개혁하고 유교 사상에 입각한 왕조 정치 실현을 목표로 새로운 시대를 개혁했지만 그 이면에는 고려 지우기라는 다른 얼굴이 있었습니다.

　여러분, 역사는 거울입니다. 우리는 역사의 거울 앞에서 양심적인 판단을 내려야 할 것입니다. 하지만 이성계는 사람들을 마구 죽이고 또 그것을 최영에게 덮어씌우려고 하였습니다. 이것은 역사의 거울을 깨뜨리는 것입니다. 이것이 과연 옳은 일일까요? 심판과 청중들께서는 올바른 판단을 해 주시기 바랍니다. 이상 반대팀 최종 발언을 마치겠습니다. 감사합니다.

찬성팀 최종 발언

안녕하십니까? 저는 이번 논제인 '이성계의 위화도 회군은 정당하다.'의 찬성팀 최종 발언을 맡은 ○○○입니다. 저희 측의 주장을 다시 한 번 말씀드리겠습니다.

첫째, 위화도 회군이 정당한 이유인 사불가론이 있었습니다. 둘째, 요동 정벌을 진행하면 고려는 위기에 처했을 것입니다. 셋째, 그당시 고려에는 개혁이 꼭 필요했습니다.

이성계가 요동 정벌을 하려고 할 때 권문세족은 횡포를 부리며 백성들의 생존권을 위협했고, 국가 재정은 파탄에 이르러 관리의 녹봉조차 줄 수 없는 상황이었습니다. 관리들의 실정도 이러한데 일반 백성들은 얼마나 힘들었겠습니까? 세금과 관리의 횡포, 가난에 시달리느라 아주 힘들었을 것입니다. 그 당시 이성계는 왜구를 막기 위해서 싸웠습니다. 하지만 백성들의 생활은 전혀 나아지지 않았습니다. 대대로 막강한 권력을 가지고 있던 권문세족의 횡포가 더 큰 문제였기 때문입니다. 요동 정벌이 시작되었다면 고려는 떠오르는 강대국이었던 명나라와의 전면전을 피할 수 없었을 것입니다. 그랬다면 고려는 더 약해지고 백성들은 죽고 다쳤을 것입니다. 전쟁과 평화, 어느 것이 백성과 고려를 위한 길일까요? 많은 사람이 죽고 다치는 전쟁보다는 평화가 낫습니다. 또 "새 술은 새 부대에"라는 말이 있습니다. 고려는 이자겸의 난, 묘청의 난, 무신정변 등으로 국력이 약해질 대로 약해져 있었습니다. 이렇게 껍데기만 남은 고려는 개혁이 필요했습니다.

　고려 말 이성계는 우리 민족을 위해 고려를 위해 백성들을 위해 위화도 회군을 했다는 것을 알아 주시기 바랍니다. 이상으로 찬성 팀 최종 발언을 마치겠습니다.

• 위 내용은 초등학교 5학년 아이들의 실제 토론 내용을 녹취록으로 정리한 것입니다.

2부

교과서
문학으로
시작하면
독서 토론이
쉽고 재미있다

『사라, 버스를 타다』

수록 교과서
초등학교 5학년 국어 읽기

◆ **작가 만나기**

윌리엄 밀러는 고교 시절 선생님의 격려로 그림책 작가가 되었습니다. 초기에는 유명한 흑인 작가들에 관한 시를 썼으며 이후『조라 허스턴과 멀구슬나무』등의 작품에서 미국 흑인의 투쟁과 재활, 축제와 같은 주제 및 경험을 다루고 있습니다.

◆ **작품 살펴보기**

1955년 12월 앨라배마 주 몽고메리 시에서 실제로 있었던 '몽고메리 버스 승차 거부 운동'을 소재로 한 작품입니다. 로사 팍스라는 흑인 여성이 반대한 '짐 크로법'은 버스의 앞쪽에는 백인만, 뒤쪽에는 흑인만 앉을 수 있도록 한 법입니다. 짐 크로법이 시행되고 있을 당시 미국에서는 흑인에 대한 차별이 심했습니다. 이러한 흑인 차별을 불합리하다고 느낀 로사 팍스는 짐 크로법을 거부하였고, 이로 인해 경찰에 체포되었습니다. 그녀의 버스 승차 거부 이후 마틴 루터 킹 목사의 주도로 몽고메리 버스 승차 거부 운동이 시작되었습니다. 이 운동은 일 년 이상 계속되었으며 결국 짐 크로법은 폐지되었습니다.

◆ 다른 작품과 함께 보기

마틴 루터 킹

몽고메리 운동을 이끌었던 마틴 루터 킹은 수많은 흑인들의 희망이었습니다. 그는 정의에 대한 굳건한 신념을 가지고 평화와 화합을 이루어낸 리더였습니다. 이 작품은 인권 평등을 위해 애쓴 마틴 루터 킹의 일생을 담고 있습니다.

대지의 소금(하버트 비버만 감독, 1954)

1951년 뉴멕시코 주 아연 광산에서 있었던 실제 사건을 토대로 제작된 영화입니다. 아연 광산에서 일하는 멕시코계 노동자들은 단지 피부색이 다르다는 이유만으로 차별을 받습니다. 안전한 노동 조건도 인간적인 대우도 심지어 최소한의 생활 수준도 보장받지 못합니다. 노동자의 아내들은 사택의 하수 설비 문제의 해결을 요구하는

데 남성 중심의 노동조합이 이를 무시하자 파업을 통해 자신들의 요구를 관철합니다.

◆ 생각 발견하기

1. 책 표지의 그림에서 버스 앞에 서 있는 사라의 몸짓과 눈빛을 보고 떠오르는 생각이나 느낌을 적어 보세요.

2. 혹시 여러분은 피부색이 까맣다고, 목소리가 이상하다고, 사투리를 쓴다고 친구를 놀린 적이 있거나 놀림을 당하는 모습을 본 적이 있나요? 이런 것들로 친구를 놀리면 안 되는 이유는 무엇일까요?

3. 우리 주변에서 일어나고 있는 차별의 사례를 적어 보세요.

◆ 내용 이해하기

1. 버스에서 흑인과 백인의 자리 구분은 어떻게 되어 있었나요?

2. 사라가 버스 앞자리로 간 까닭은 무엇인가요?

3. 사라가 버스 앞자리에서 일어나지 않자 운전기사는 누구를 데려왔나요?

4. 사라의 이야기가 신문에 실리고 많은 사람들에게 알려지자 어떤 일이 생겼나요?

5. 사라의 용기 있는 행동의 결과는 무엇인가요?

6. 마틴 루터 킹의 주도로 몽고메리 버스 승차 거부 운동이 일 년 이

상 계속되었고 결국 버스에서의 흑인 차별 법은 폐지되었습니다. 인권운동가 마틴 루터 킹에 대해 조사해 보세요.

◆ 책의 내용으로 토의·토론하기

1. 자신의 경험 중에서 부당하다고 느낀 규칙에 대해 토의해 보세요.
2. 이 작품에서 불평등한 법에 항의하지 않은 어른들의 행동에 대해 토의해 보세요.
3. 승차 거부 운동에 참여한 사람들의 행동은 정당한지 토론해 보세요.

◆ 토론이 가능한 논제들

1. 버스 앞자리에 앉은 사라의 행동은 정당하다.
2. 악법도 법이다.
3. 경찰관을 부른 버스 운전기사의 행동은 옳다.

토론 개요서

팀명		팀원		
논제	사라는 법을 지켜야 한다.			
용어 정의	1) 법 : 국가 및 공공기관에서 제정한 강제적인 모든 규범. 2) 사라가 지켜야 할 법 : 버스를 탔을 때 흑인은 버스의 뒷자리에, 백인은 앞자리에 앉는 것.			

		찬성 측	반대 측
주장 1	주장	국민으로서 법을 지킬 의무가 있다.	불평등한 법이다.
	근거	국민은 법을 준수해야 하는 의무가 있다. 하지만 사라는 오랜 기간 모든 사람들이 지켜왔던 법을 무시하고 자신이 앉고 싶은 자리에 앉는다. 이후 법을 지켜야 한다는 버스 운전기사의 말도 무시하고 혼란스러운 상황을 만든다.	민주주의 국가의 법은 개인의 자유와 평등을 보장해야 한다. 그런데 짐 크로법은 개인의 자유와 평등을 전혀 보장하지 않는 부정당한 법이다. 이러한 불평등한 법은 비판하고 저항하여 고쳐야 한다.
주장 2	주장	법을 지켜야 사회 질서가 유지된다.	부당한 법이라면 지킬 필요가 없다.
	근거	법은 사회 질서 유지를 목적으로 하며 다수의 의견이 사회적 합의를 거친 결과다. 법의 임무는 사회 질서 확립에 있으므로 법을 지키는 것은 매우 중요하다. 또한 사회 질서 유지를 위해서는 합법적인 절차를 통해 법의 개정을 요구해야 한다.	미국의 독립 선언문에 모든 사람은 평등하다는 내용이 공시되어 있다. 그러나 짐 크로법은 독립 선언문의 내용에 반하며 정의에 어긋난다. 만약 우리가 지켜야 할 법이 악법이라면 지킬 필요가 없으며 더 나아가 법을 고쳐야 한다.
주장 3	주장	법을 지키지 않으면 사라가 위험할 수 있다.	민주 사회 발전을 위해 악법은 개정되어야 한다.
	근거	사라는 사회의 구성원이므로 법을 지켜야만 법의 보호를 받을 수 있다. 하지만 사라는 법을 어긴다. 이후 범법 행위를 저지하기 위해 나타난 경찰관을 본 사라는 자신이 경찰서로 가야 된다는 사실에 무서워 울음을 터뜨린다.	사라를 비롯한 흑인들은 짐 크로라는 악법으로 인해 합리적 이유 없이 불평등한 대우를 받음으로써 행복을 추구하고 인간답게 살 권리를 침해당했다. 사라와 많은 흑인들은 자신의 기본권을 지키기 위해 법에 저항하였고 결국 이 법은 고쳐지게 되었다.

찬성 측 입론서

팀명			팀원			
논제	사라는 법을 지켜야 한다.					
도서	사라, 버스를 타다			저자	윌리엄 밀러	

• 논의 배경

사라는 1950년대 미국 남부에 살았던 흑인 초등학생이다. 당시 몽고메리에는 흑인은 버스의 뒷자리에, 백인은 버스의 앞자리에 앉는 법이 존재했다. 사라는 단지 백인과 흑인이라는 이유만으로 버스의 자리를 구분하는 이 법이 옳지 않다고 생각하고 버스 앞자리에 앉는다. 그런 사라에게 버스 기사는 뒷자리로 돌아가라고 명령한다. 하지만 사라는 버스 기사의 명령에 따르지 않았고 법을 어겼다는 이유로 경찰에 체포된다. 법은 나라의 질서를 위해 국가가 만든 규칙이다. 법을 지키지 않은 사라의 행동을 통해 법의 진정한 의미를 되새겨 보고자 한다.

• 용어 정의

1) 법 : 국가 및 공공기관에서 제정한 강제적인 모든 규범.

2) 사라가 지켜야 할 법 : 버스에 탔을 때 흑인은 뒷자리에, 백인은 앞자리에 앉는 것.

주장 1. 국민으로서 법을 지킬 의무가 있다.

사회가 있는 곳에는 일정한 규칙이 있다. 국민이 국가 안에서 살고자 한다면 국가의 명령, 즉 법을 지키는 것은 최소한의 의무다. 국민은 자발적으로 법을 준수하고 국가의 구성원으로서 책임과 의무를 다해야 한다. 하지만 사라는 오랜 기간 모든 사람들이 지켜 왔던 법을 무시하고 자신이 앉고 싶은 자리에 앉았다. 이후 법을 지켜야 한다는 버스 기사의 의견도 무시해 버리고 혼란스러운 상황을 만든다. 법은 국민이 지키도록 하기 위해 국가가 만든 것이며 도덕과는 다른 강제성이 있다. 법을 지키지 않을 시 국가로부터 정해진 벌을 받게 된다. 따라서 국민은 국가가 정당한 절차를 통해 만든 법을 책임과 의무를 다해 충실히 지켜야 한다.

주장 2. 법을 지켜야 사회 질서가 유지된다.

사회 질서 유지를 목적으로 하는 법은 시민 다수의 의견이 사회적 합의를 거친 결과다. 따라서 개인이 자의적 판단에 따라 해석하고 행동해서는 안 된다. 만약 자의적 판단에 따라 하나둘씩 법을 어기기 시작하면 결국 사회 질서는 무너진다. 법의 임무는 사회 질서 확립에 있으므로 법을 지키는 것은 무엇보다 중요하다. 『사라, 버스를 타다』는 로사 팍스의 실제 이야기를 소재로 한 것이다. 당시 미국에는 짐 크로라고 불리는 법이 있었는데 많은 사람들이 80년 이상 이 법을 지켜 왔다. 하지만 로사 팍스는 이 법을 무시했고 사람들과 함께 일 년 남짓 버스 승차 거부 운동을 했다. 법이 정당하지 않다고 해서 사회 구성원이 그 법을 어긴다면 사회의 질서가 무너져 큰 혼란에 빠지게 된다. 따라서 사회 질서 유지를 위해서는 합법적인 절차를 통해 법의 개정을 요구해야 한다.

주장 3. 법을 지키지 않으면 사라가 위험할 수 있다.

법은 사회 구성원의 안전한 삶을 위해 만든 제도다. 사회 구성원이 스스로 법을 지킬 때 개개인도 안전한 삶을 살 수 있다. 비록 어린아이지만 사라 또한 사회의 구성원이다. 그러므로 사라도 법을 지켜야만 법의 보호를 받을 수 있다. 하지만 사라는 버스 기사의 지시를 따르지 않는다. 이후 자신의 범법 행위를 저지하기 위해 나타난 경찰관을 본 사라는 경찰서로 가야 된다는 사실에 무서워 울음을 터뜨렸고 경찰관에게 자신을 감옥에 보낼 건지 묻는다. 경찰서로 연행된 사라는 누군가 건네준 초콜릿 과자를 한입 베어 물고 나서야 자신이 얼마나 배고팠는지를 알게 된다. 이를 통해 사라가 극도의 긴장감과 불안함을 느끼고 있었음을 알 수 있다. 사라는 법을 지키지 않았기 때문에 심리적 위험에 처한 것이다.

결론적으로 사라는 국민으로서 법을 지킬 의무가 있다. 법을 지켜야 사회 질서가 유지되며 법을 지키지 않을 경우 사라가 위험할 수 있다. 따라서 사라는 법을 지켜야 한다.

반대 측 입론서

팀명		팀원			
논제	사라는 법을 지켜야 한다.				
도서	사라, 버스를 타다	저자	윌리엄 밀러		

- **논의 배경**

사라가 살았던 1950년대 미국 남부는 법적으로 인종 차별은 폐지되었으나 여전히 짐 크로법이라 불리는 인종 차별법과 관습이 만연했다. 이 차별법으로 인해 흑인들은 특정 행동이 금지되었다. 심지어 버스에서조차 백인과 흑인이라는 이유만으로 자리를 구분했다. 법은 사회 질서 유지와 정의를 위해 존재하는 것이다. 이는 국가가 국민의 자유와 평등, 인권을 존중하기 위해 법을 만드는 것으로 해석할 수 있다. 하지만 법에는 강제성도 있다. 따라서 사회 구성원들 간에 분쟁과 갈등을 초래하는 짐 크로법을 지켜야 하는지 논의해 보고자 한다.

- **용어 정의**

1) 법 : 국가 및 공공기관에서 제정한 강제적인 모든 규범.

2) 사라가 지켜야 할 법 : 버스에 탔을 때 흑인은 뒷자리에, 백인은 앞자리에 앉는 것. (찬성 측과 동일하다.)

주장 1. 불평등한 법이다.

민주주의 국가는 개인의 자유와 평등을 보장하는 것을 목적으로 하고 있다. 따라서 민주주의 국가의 법 역시 개인의 자유와 평등을 보장하려는 목적에 맞게 제정되어야 한다. 만약 이 목적에 부합하지 못한 법이 제정되었을 경우 그 법은 진정한 의미의 법이라고 보기 어렵다. 이런 경우 시민들은 그 권력을 비판하고 일부러 법을 어김으로써 불평등한 법에 저항하기도 한다. 이를 고려해 보면 짐 크로법은 민주주의의 이념에 전혀 부합하지 않는 부정당한 법이다. 그러므로 이 법을 어긴 사라의 행동은 부당한 법에 대해 저항한 용기 있는 행동이다.

주장 2. 부당한 법이라면 지킬 필요가 없다.

짐 크로법은 과거 남부 연맹에 있는 모든 공공기관에서 백인과 흑인을 분리하도록 만든 법이다. 인종 분리로 흑인들은 백인보다 열등한 대우를 받았다. 미국의 독립 선언문에는 모든 사람은 평등하게 태어났다는 내용이 공시되어 있다. 이 법은 독립 선언문에 반하며 정의에 어긋나므로 악법이다. 사라의 버스 승차 거부 이야기의 실제 주인공인 로사 팍스는 "우리가 옳다고 믿는 것을 지켜나가야 할 때가 인생에서 한 번은 꼭 온다."고 말한다. 로사 팍스가 그랬던 것처럼 우리는 악법이라는 확신이 들 경우 용기를 가지고 저항하며 옳은 것을 주장할 수 있어야 한다. 그러므로 부당한 법이라면 지킬 필요가 없으며 더 나아가 법을 고쳐야 할 것이다.

주장 3. 민주 사회 발전을 위해 악법은 개정되어야 한다.

민주주의 국가에는 국민으로서 존중받아야 할 기본권이 있다. 기본권에는 인간의 존엄과 가치 그리고 행복 추구권 등이 있다. 사라를 비롯한 흑인들도 백인과 동등하게 행복을 추구하고 인간답게 살 권리가 있다. 그러나 흑인들은 짐 크로라는 악법으로 인해 그 권리를 침해당했다. 평등권이란 모든 사람은 법 앞에서 평등하며 성별, 종교, 사회적 신분과 권위에 의해 차별받지 않을 권리를 말한다. 그런데 이 악법은 합리적 이유 없이 흑인들이 불평등한 대우를 받게 하였으므로 평등권을 침해했다고 이해할 수 있다. 사라와 흑인들은 자신의 기본권을 지키기 위해 법에 저항하였고 결국 이 법은 고쳐지게 되었다. 그들의 저항으로 인해 침해당하고 있던 기본권을 다시 지킬 수 있게 되었으니 사라의 행위는 민주 사회의 발전에 이바지하였다고 말할 수 있다.

결론적으로 짐 크로법은 불평등한 법이다. 부당한 법은 지킬 필요가 없으며 민주 사회 발전을 위해 악법은 개정되어야 한다. 따라서 사라는 법을 지키지 않아도 된다.

『마당을 나온 암탉』

수록 교과서

초등학교 5학년 국어 읽기, 미래엔(윤여탁)5,
신사고(우한용)5, 창비(이도영)3

◆ 작가 만나기

황선미 작가는 서울예술대학에서 문예창작을 공부했습니다. 1997년
제1회 탐라문학상 동화 부문을 수상했고, 『일기 감추는 날』, 『나쁜 어
린이 표』, 『어느 날 구두에게 생긴 일』 등의 작품을 썼습니다. 깊은 주
제 의식과 치밀한 심리 묘사로 개성 있는 작품을 꾸준히 발표하고 있
습니다.

◆ 작품 살펴보기

양계장 철망에 갇혀 알을 낳던 암탉 '잎싹'은 알을 품어 병아리의
탄생을 보겠다는 소망을 가지고 양계장을 나옵니다. 갖은 고생 끝

에 잎싹은 새 생명을 탄생시켰고 자식을 위해 깊은 모성애를 발휘합니다. 삶과 죽음, 소망과 자유 등의 심오한 주제와 꿈을 간직한 삶의 아름다움과 당당함, 거기에 다른 생명체까지 품는 차원 높은 모성애의 승화가 진한 감동을 줍니다. 자기 삶의 주인으로 당당하게 살아가는 잎싹을 통해 우리는 '나는 누구인가?', '어떻게 살아야 하는가?' 하는 질문을 스스로에게 던져 볼 수 있습니다.

◆ 다른 작품과 함께 보기

갈매기의 꿈(리처드 바크 지음)

조나단이 속한 무리의 보통 갈매기들은 오로지 좀 더 윤택한 잠자리와 기름진 먹이를 찾아 자신의 재능을 갈고 닦는 데 열중합니다. 그러나 조나단은 그보다 더 숭고한 무엇을 추구하는 것이 나는 이유라고 생각합니다. "가장 높이 나는 새가 가장 멀리 본다."는 삶의 진리를 일깨우며 저마다 마음속에 자신만의 꿈과 이상을 간직하며 살아갈 것을 이야기하는 작품입니다.

◆ 생각 발견하기

1. '소망' 하면 무엇이 떠오르는지 마인드맵으로 표현해 보세요.
2. 올해 꼭 이루고 싶은 소망을 적어 보세요.
3. 여러분의 이름은 누가 지었나요? 이름에 담긴 뜻을 적어 보세요.

♦ 내용 이해하기

1. 여러분이 생각하는 잎싹의 모습을 적어 보세요.

2. 기억에 남는 등장인물과 그 특징을 적어 보세요.

3. 잎싹이라는 이름을 짓게 된 계기는 무엇일까요?

4. 잎싹의 소망은 무엇일까요?

5. 이 작품에서 가장 인상적인 구절을 찾아 적어 보세요.

♦ 책의 내용으로 토의·토론하기

1. 잎싹의 삶과 자신의 삶이 다른 점은 무엇인지 토의해 보세요.

2. 자신의 꿈을 이루기 위해 앞으로 해야 할 일은 무엇인지 토의해 보세요.

3. 여러분이 생각하는 소망을 이루는 삶은 어떤 것인지 토의해 보세요.

♦ 토론이 가능한 논제들

1. 잎싹을 두고 떠난 초록머리의 행동은 옳다.

2. 잎싹이 규칙을 어기고 마당을 나온 것은 잘못이다.

3. 잎싹이 족제비 새끼들을 위해 자신의 몸을 바친 행동은 옳다.

토론 개요서

팀명			팀원	
논제	잎싹의 소망은 이루어졌다.			
용어 정의	1) 잎싹 : 양계장에서 알을 얻기 위해 길러지던 암탉이었지만 소망을 간직하고 실천하며 자유를 꿈꾸는 암탉. 2) 소망 : 자신이 진정 원하는 일이 이뤄지도록 바라는 것.			
		찬성 측		반대 측
주장 1	주장	잎싹은 알을 품어 새 생명을 탄생시켰다.		잎싹은 힘든 삶을 살았다.
	근거	잎싹은 알을 품어서 병아리의 탄생을 보겠다는 꿈을 가지고 있었다. 그리고 그 소망이 이루어진 것에 대해 행복해하는 장면이 나온다.		초록머리의 엄마가 되려고 노력하면서 주인공의 삶이 아닌 초록머리를 위해 희생하는 삶이 되어 버렸다. 잎싹은 불안, 굶주림, 위험, 추위, 그리고 외로움에 시달리며 너무나 힘든 삶을 살았다.
주장 2	주장	잎싹은 강한 모성애를 발휘하여 초록머리를 잘 성장시켰다.		초록머리는 잎싹의 곁을 떠났다.
	근거	잎싹은 알을 품어 초록머리를 탄생시켰고 그를 자신의 목숨보다 더 귀하게 여겼다. 그리고 초록머리를 잘 성장시켜 청둥오리 무리의 파수꾼으로서 스스로의 삶을 당당하게 살 수 있게 해 주었다.		초록머리는 청둥오리 무리의 파수꾼이 되어 잎싹의 곁을 무심하게 떠난다. 초록머리가 자신을 키워 준 엄마로서 잎싹을 진정으로 걱정하고 사랑한다면 좀 더 옆에 있어 줬어야 했다.
주장 3	주장	잎싹은 자신이 원하는 주체적인 삶을 살았다.		잎싹은 결국 죽음을 맞이했다.
	근거	잎싹은 알을 품어서 병아리의 탄생을 보는 꿈을 이루기 위해 스스로 선택하는 삶을 살았다. 또 가장 적당한 때에 자기의 목숨을 바쳐서 다른 생명을 살리는 선택을 함으로써 주체적인 삶을 살다 갔다.		잎싹은 자신의 기본적인 본분을 잊고 무리하게 꿈을 쫓다가 갖은 고생을 다하고 결국 족제비에게 목숨을 잃게 된다. 잎싹이 초록머리를 사랑한다면 족제비에게 죽음을 당하는 것이 아닌 좀 더 현명한 판단을 했어야 했다.

찬성 측 입론서

팀명			팀원			
논제	잎싹의 소망은 이루어졌다.					
도서	마당을 나온 암탉			저자	황선미	

• 논의 배경

이 책에는 세 종류의 암탉이 나온다. 먼저 철망에 갇힌 채 배부르게 먹고 품지도 못할 알을 낳으면서 아무 생각 없이 살아가는 암탉이다. 두 번째는 마당에서 수탉과 병아리와 함께 만족스럽게 살면서 혹시라도 누가 끼어들까 봐 전전긍긍하는 암탉이다. 그리고 나머지 하나는 알을 품어 병아리를 탄생시키겠다는 소망을 굳게 간직하고 결국은 실천하는 암탉으로 바로 주인공인 잎싹이다. 힘든 현실 속에서도 소망을 이루기 위해 노력하는 잎싹의 삶을 통해 삶에서 진정으로 중요한 것은 무엇인지 생각해 보는 시간이 됐으면 한다.

• 용어 정의

1) 잎싹 : 양계장에서 알을 얻기 위해 길러지던 암탉이었지만 소망을 간직하고 실천하며 자유를 꿈꾸는 암탉.

2) 소망 : 자신이 진정 원하는 일이 이뤄지도록 바라는 것.

주장 1. 잎싹은 알을 품어 새 생명을 탄생시켰다.

잎싹은 철망을 통해 마당에 사는 암탉이 앙증맞은 병아리를 까서 데리고 다니는 것을 보게 된다. 그 뒤로 난종용 암탉임에도 불구하고 "단 한 번만이라도 알을 품을 수 있다면, 그래서 병아리의 탄생을 볼 수 있다면."이라며 알을 품어서 병아리의 탄생을 보는 꿈을 가진다. 그리고 아무도 없는 곳에 홀로 있는 알을 지키고 정성스럽게 품어 초록머리를 탄생시켰다. "한 가지 소망이 있었지. 알을 품어서 병아리의 탄생을 보는 것! 그걸 이루었어. 고달프게 살았지만 참 행복하기도 했어."라며 자신의 소망이 이루어진 것에 대해 행복해하는 장면이 나온다. 잎싹은 암탉답게 알을 품어 새 생명을 탄생시켰으므로 소망을 이룬 것이다.

주장 2. 잎싹은 강한 모성애를 발휘하여 초록머리를 잘 성장시켰다.

세상에서 가장 아름다운 사랑은 무엇일까? 그것은 아마 부모가 자식을 위하는 사랑인 모성애일 것이다. 알을 품어 초록머리를 탄생시킨 잎싹은 무조건적인 사랑인 모성애로 초록머리를 자신의 목숨보다 더 귀하게 여겼다. 그리하여 자신보다 훨씬 강한 족제비 앞에서도 도망가지 않고 목숨을 걸고 달려들어 초록머리를 지켰다. 또 초록머리의 발에 매인 끈을 없애주고자 부리가 아파 벌릴 수도 없을 지경이 되도록 밤새 쪼아서 끈을 끊어 주었다. 그리고 잎싹은 초록머리가 청둥오리 무리의 파수꾼으로서 스스로의 삶을 당당하게 살아갈 수 있게 키웠다. 초록머리가 잎싹과 함께 있기를 원했을 때도 초록머리의 삶을 위해 청둥오리 무리와 함께 떠나게 하였다. 이렇게 잎싹은 힘든 환경에서도 사랑으로 초록머리를 잘 성장시켰고 자식의 장래를 먼저 생각하는 강한 엄마다.

주장 3. 잎싹은 자신이 원하는 주체적인 삶을 살았다.

잎싹은 알을 품어서 병아리의 탄생을 보겠다는 자신의 소망을 이루기 위해 스스로 선택하는 주체적인 삶을 살았다. 그래서 어떤 힘든 상황이 닥쳐도 헤쳐 나갈 수 있었으며, 역경 속에서도 행복함을 느꼈다. 잎싹은 삶과 죽음도 스스로 선택했다. 자신의 삶이 얼마 남지 않음을 알고 "자, 나를 잡아먹어라. 그래서 네 아기들 배를 채워라."며 자신의 목숨을 족제비에게 내놓는다. 반대팀은 잎싹의 죽음을 들어 소망을 이루지 못했다고 생각할 수도 있다. 하지만 잎싹은 가장 적당한 때에 자기의 목숨을 바쳐서 다른 생명을 살리는 선택을 함으로써 삶과 죽음이 순환하는 자연의 법칙에 맞는 주체적인 삶을 살다 갔다.

결론적으로 잎싹은 알을 품어 새 생명을 탄생시켰고 모성애를 발휘해 잘 성장시켰으며 자신이 원하는 주체적인 삶을 살았다. 따라서 잎싹의 소망은 이루어졌다.

반대 측 입론서

팀명			팀원			
논제	잎싹의 소망은 이루어졌다.					
도서	마당을 나온 암탉			저자	황선미	

• 논의 배경

소망을 이뤄 가는 삶은 어떤 삶일까? 사람은 누구나 자신의 소망을 이루길 바라며 삶을 살아간다. 그 소망은 각자 다르고 다양할 것이다. 하지만 소망을 이룬 사람은 그렇게 많지 않다. 이 작품의 주인공인 잎싹은 알을 품어 병아리를 탄생시키겠다는 소망을 가지고 있다. 잎싹은 자신이 삶의 주인이 되어 스스로 선택하고 꿈을 이루기 위해 최선을 다해 노력한다. 잎싹의 삶을 통해 우리의 소망도 생각해 보고 그 소망을 이루기 위해서는 어떻게 살아야 하는지 생각해 보는 시간이 됐으면 좋겠다.

• 용어 정의

1) 잎싹 : 양계장에서 알을 얻기 위해 길러지던 암탉이었지만 소망을 간직한 암탉.

2) 소망 : 자신이 진정 원하는 일이 이뤄지도록 바라는 것. (찬성 측과 동일하다.)

주장 1. 잎싹은 힘든 삶을 살았다.

처음 알을 품을 때까지만 해도 꿈을 이룬 것처럼 보였다. 원래 잎싹이 원하는 삶은 마당에서 병아리들과 함께하는 삶이었다. 하지만 초록머리의 엄마가 되려고 노력하면서 주인공의 삶이 아닌 초록머리를 위해 희생하는 삶이 되어 버렸다. 잎싹은 알을 품을 때부터 다른 사람들에게 자신의 알이 아니라는 것을 들킬까 봐 불안한 나날을 보냈고, 오리 새끼를 낳았다며 놀림을 받다가 쫓겨나기까지 했다. 또한 족제비로부터 초록머리를 보호하기 위해서 "나는 떠돌이야. 떠돌이한테 보금자리가 있을 리 없지."라며 매일 잠자리를 옮기고 편히 쉴 보금자리도 없는 힘든 생활을 하였다. 닭과 오리는 사는 방식이 다르므로 초록머리가 자라면서 점점 잎싹과 사이가 멀어질 수밖에 없어 외로웠다. 이렇게 잎싹은 불안, 굶주림, 위험, 추위, 그리고 외로움에 시달리며 너무나 힘든 삶을 살았다.

주장 2. 초록머리는 잎싹의 곁을 떠났다.

잎싹은 초록머리가 태어났을 때 닭이 아닌 오리라는 것을 알고 있었다. 오리 우두머리도 어린 초록머리가 오리임을 알아보고 자기들이 키우겠다고 하였다. 하지만 잎싹은 거절하고 초록머리를 직접 키운다. 잎싹은 닭과 오리는 분명히 다르다는 것을 알고 있었다. 초록머리가 커 가면서 점점 오리의 습성이 나타나게 되었고 사는 방식도 많이 달랐다. 잎싹은 한결같은 사랑으로 초록머리를 대하지만 삶의 방식의 차이로 둘은 점차 멀어질 수밖에 없었다. 그럼에도 잎싹은 초록머리를 자신의 목숨보다 더 소중하게 생각했고 사랑으로 잘 키워 주었다. 하지만 초록머리는 청둥오리 무리의 파수꾼이 되어 잎싹의 곁을 무심하게도 떠난다. 잎싹이 떠나라고 말했더라도 초록머리가 자신을 키워 준 엄마로서 잎싹을 진정으로 걱정하고 사랑한다면 몸이 약해진 엄마를 옆에서 좀 더 지켜 줬어야 했다.

주장 3. 잎싹은 결국 죽음을 맞이했다.

만일 잎싹이 양계장에 사는 보통의 닭처럼 평범하게 알을 낳으며 안전한 철망 속에 그대로 살았더라면 족제비한테 물려 죽는 일은 없었을 것이다. 그리고 난종용 암탉으로서 알을 낳는 것만으로도 자기 소망의 반은 이뤘다고 볼 수 있다. 그런데 자신의 역할을 잊고 알을 품어 병아리를 키우겠다는 꿈을 무리하게 쫓다가 갖은 고생을 다하고 결국에는 족제비에게 목숨을 잃게 된다. 초록머리가 잎싹의 죽음을 안다면 얼마나 가슴 아파하겠는가? 잎싹이 초록머리를 사랑한다면 그의 입장을 생각해서라도 족제비에게 죽음을 당하는 것이 아닌 좀 더 현명한 선택을 해서 살아야 했다.

결론적으로 잎싹은 힘든 삶을 살았고 초록머리는 잎싹의 곁을 떠났으며 잎싹은 결국 죽음을 맞이했다. 따라서 잎싹의 소망은 이루어지지 못했다.

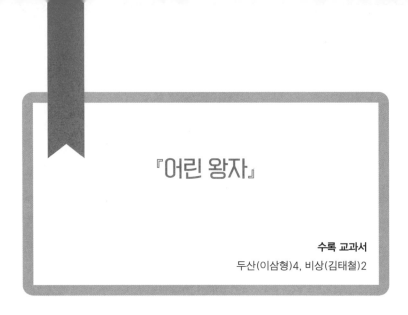

『어린 왕자』

수록 교과서
두산(이삼형)4, 비상(김태철)2

◆ **작가 만나기**

생텍쥐페리는 1900년 프랑스 리옹의 옛 귀족 집안에서 태어났습니다. 1921년 공군에 입대한 이후 비행과 문학을 두루 사랑하며 체험을 토대로 한 소설을 썼습니다. 1929년에 첫 소설인 『남방 우편기』를 펴냈고 1930년에 『야간 비행』으로 페미나상을 받았으며 1939년에는 『인간의 대지』로 아카데미 프랑세즈상을 받았습니다. 그는 작품을 통해 독자들이 인간의 조건에 대해 성찰할 수 있게 하였습니다. 특히 1943년에 쓴 『어린 왕자』는 어른들을 위한 동화로서 세계 최고의 고전으로 손꼽힙니다.

◆ 작품 살펴보기

비행기 고장으로 사막에 불시착한 조종사는 한 이상한 소년을 만납니다. 소년은 조종사에게 다짜고짜 양을 그려 달라고 부탁합니다. 소년은 자신이 사는 작은 별에 사랑하는 장미를 남겨 두고 세상을 보기 위해 여행을 온 어린 왕자였습니다. 어린 왕자는 지구에 오기전 여러 별에서 사는 다양한 사람들을 만납니다. 권력을 가진 왕, 허영심으로 가득 찬 남자, 술꾼, 장사꾼, 가로등을 켜는 사람, 지리학자 등입니다. 마지막 여행지인 지구에서 뱀과 여우 그리고 조종사와 친구가 됩니다. 특히 여우와 어린 왕자는 서로를 길들여 "세상에서 하나밖에 없는 꼭 필요한 존재"로 남습니다. 어린 왕자는 자신만의 특별한 존재인 장미를 떠올리며 뱀의 도움을 받아 떠나온 별로다시 돌아갑니다. 이 작품은 인간이 고독을 극복하는 과정을 어린왕자를 통해 상징적으로 잘 표현하고 있어 청소년뿐만 아니라 어른들에게도 감동적인 동화입니다.

◆ 다른 작품과 함께 보기

인간의 대지(생텍쥐페리 지음)

우편 비행 업무를 수행하던 중 사막에 추락했다가 살아남은 경험이 담긴 간절하면서도 인간의 한계 상황을 초월하는 작품입니다. 연대야말로 인생을 풍요롭게 하는 단 하나의 진실이며 서로에 대한 책임감이 유일한 윤리라는 그의 목소리가 사막 가득히 울려 퍼집니다.

변신(프란츠 카프카 지음)

현대 사회에서 인간의 존재와 소외 그리고 허무를 다룬 우화입니다. 어느 날 자고 일어나 보니 커다란 '벌레'로 변한 주인공의 불안한 내면과 고독을 그렸습니다. 주인공은 그동안 생활비를 벌어 오며 가장 역할을 했지만 갑자기 벌레로 변하고 맙니다. 몸은 징그러운 벌레지만 정신은 인간 그대로입니다. 하지만 가족들은 그를 거추장스러운 존재로 여기기 시작합니다. 결국 그는 가족과 외부로부터 버림받고 생을 마감합니다.

◆ **생각 발견하기**

1. '어린 왕자' 하면 무엇이 떠오르는지 마인드맵으로 표현해 보세요.
2. 만약에 별에서 혼자 산다면 무슨 일을 해야 할지 적어 보세요.
3. 어릴 때 그렸던 그림 중 가장 기억나는 그림은 무엇인가요?

◆ **내용 이해하기**

1. 여러분이 생각하는 어린 왕자의 모습을 그려 보고 그 특징을 적어 보세요.
2. 여우와 어린 왕자처럼 서로 길들이고 싶은 친구가 있습니까? 그 친구의 이름과 이유를 적어 보세요.
3. 어린 왕자가 사는 별처럼 갖고 싶은 나만의 별을 적어 보세요.
4. 어린 왕자는 별들을 여행하면서 여러 사람을 만났습니다. 그 사

람들은 어떤 일들을 하는지 각각 적어 보세요.

5. 이 작품에서 가장 인상적인 구절은 어디인지 찾아 적어 보세요.

◆ 책의 내용으로 토의·토론하기

1. 어린 왕자에게는 지구의 장미꽃보다 어린 왕자가 살던 별의 장미꽃이 더 소중합니다. 왜 그런지 토의해 보세요.

2. 여우는 어린 왕자에게 "가장 중요한 건 눈에 보이지 않는다."라고 했습니다. 우리 눈에 보이지 않아서 쉽게 잊어버리는 것 중에서 특히 중요한 것은 무엇인지 토의해 보세요.

3. 어린 왕자는 사랑, 우정, 관계 등 정신적인 부분을 중요시하고 이상을 추구하는 삶을 삽니다. 평생 이런 삶을 사는 것이 옳은지 토의해 보세요.

◆ 토론이 가능한 논제들

1. 장미꽃이 어린 왕자에게 하는 행동은 바람직하다.

2. 책임과 헌신을 다하는 점등인의 삶의 자세는 바람직하다.

3. 사업가가 별을 소유하는 것은 정당하다.

4. 어린 왕자의 삶이 어른들의 삶보다 바람직하다.

토론 개요서

팀명		팀원			
논제	보이는 것보다 보이지 않는 것이 더 중요하다.				
용어 정의	1) 보이는 것 : 우리 눈으로 확인할 수 있는 육체나 물질적인 것. 2) 보이지 않는 것 : 우리 눈으로 확인할 수 없는 마음이나 정신적인 것.				

		찬성 측	반대 측
주장 1	주장	우리 삶에서 중요하지만 보이지 않는 것이 많다.	보이는 것 중에서 중요한 것이 많다.
	근거	여우는 "마음으로 봐야 잘 보인다. 정말 중요한 것은 눈으로 보이지 않아."라고 한다. 우리 삶에서 중요하지만 눈에 보이지 않는 것은 헤아릴 수 없이 많다.	보이는 것 중에는 중요한 것이 많으며 우리 삶에 꼭 필요한 것들이다. 우리는 삶을 살아가는데 현실적이며 기본적인 문제가 해결되어야 인간적인 삶을 살 수 있다.
주장 2	주장	물질적인 것보다 정신적인 것이 더 근본적이다.	물질적인 것이 더 믿을 수 있다.
	근거	인간관계에서 정신적인 사랑이나 믿음 없이는 행복을 찾을 수 없다. 아무리 물질적으로 풍요롭더라도 정신적인 만족이 없으면 사람들은 결코 그 소중함도 모르고 만족감도 느끼지 못한다.	눈에 보이지 않는 정신적인 것은 사람들을 속이고 거짓말을 하기 쉽지만 눈에 보이는 물질적인 것은 거짓말을 할 수가 없다. 눈에 보이는 물질적인 것은 측정이 가능하고 사람들을 설득하기도 쉽다.
주장 3	주장	보이지 않으므로 소중한 것들을 놓치고 후회하는 경우가 많다.	보이는 것은 관리가 가능하다.
	근거	눈에 보이지 않으므로 신경을 쓰지 않아 많은 부분을 놓치고 뒤늦게 후회한다. 우리가 보이지 않지만 소중한 것들을 놓치지 않기 위해 특별히 관리한다면 눈에 보이는 것은 저절로 따라올 것이다.	어린 왕자도 눈에 보이는 장미의 아름다운 모습에 반해 사랑에 빠진 것이고 눈에 보였으므로 관리를 해 줄 수 있었다. 변화를 한눈에 알아볼 수 있는 물질적인 것은 우리들이 훨씬 쉽게 관리할 수 있다.

찬성 측 입론서

팀명		팀원			
논제	보이는 것보다 보이지 않는 것이 더 중요하다.				
도서	어린 왕자		저자	생텍쥐페리	

• 논의 배경

어린 왕자는 자신의 별을 떠나 소행성에서 지구까지 여행하면서 다양한 사람들을 만난다. 권력을 가진 왕, 허영심으로 가득한 남자, 술꾼, 장사꾼, 가로등 켜는 사람, 지리학자 등이다. 그들은 각기 권력, 허영심, 자기 학대, 물질적인 삶이 진리인 듯 생각한다. 여행의 종착점인 지구에는 특히 많은 모순이 존재한다. 어린 왕자가 보기에는 지구의 어른들은 겉으로 드러나는 모습, 명예, 지식만을 추구하며 이는 매우 이상하게 보인다. 사람마다 물질적인 것과 정신적인 것의 중요도는 다를 수 있다. 어린 왕자를 통해 그동안 잊고 지냈던 삶의 진정한 가치와 의미를 생각해 보는 시간이 됐으면 한다.

• 용어 정의

1) 보이는 것 : 우리 눈으로 확인할 수 있는 육체나 물질적인 것.

2) 보이지 않는 것 : 우리 눈으로 확인할 수 없는 마음이나 정신적인 것.

주장 1. 우리 삶에서 중요하지만 보이지 않는 것이 많다.

삶에서 정말 중요한 것은 무엇일까? 이 책에 나오는 여우는 "마음으로 봐야 잘 보인다. 정말 중요한 것은 눈으로 보이지 않아."라고 한다. 작가가 우리에게 하고 싶은 말일 것이다. 사람들은 내면에 감춰진 진짜는 보지 못하고 보이는 것이 전부인 양 착각을 한다. 어린 왕자가 보는 지구의 어른들은 그들이 생각하는 것이 진리라고 단정하며 눈에 보이는 근거로만 판단하기를 좋아하고 겉치레를 중요시한다.

우리 삶에서 중요하지만 눈에 보이지 않는 것은 셀 수 없이 많다. 예를 들면 사랑, 우정, 믿음, 행복, 마음, 양심 등등 헤아릴 수 없이 많다. 이것들은 모두 눈에 보이지 않지만 우리가 살아가는데 꼭 필요한 것들이다. 하지만 우리가 눈에 보이는 것만 중요시하고 눈에 보이지 않는 것을 가볍게 여긴다면 우리 삶이 어떻게 될 것인가 상상을 해 보라! 아마 아주 삭막하고 살기 힘든 세상이 될 것이다.

주장 2. 물질적인 것보다 정신적인 것이 더 근본적이다.

함께 살아가는 관계에서 정신적인 사랑이나 믿음 없이는 진정한 행복을 찾기 힘들다. 다섯 번째 별에는 어린 왕자가 친구가 되고 싶은 유일한 사람이 살고 있었다. 그는 1분마다 한 번씩 불을 켜고 끄는 점등인으로 자신만의 이익이 아닌 남을 위해 봉사하는 유익한 일을 하고 있다. 그래서 어린 왕자도 친구가 되고 싶은 마음이 생긴 것이다. 이 책은 모든 사람이 순수한 어린아이의 시기가 있었음을 일깨워 준다. 하지만 아이가 어른이 되어 냉혹한 현실과 마주하게 되면 그것을 잊어버린다. 어린 왕자에게 그려 준 상자에서 양을 볼 수 있는 어린아이와 같은 순수한 마음을 가진다면 이 세상은 더 아름다워질 것이다. 아무리 물질적으로 풍요롭더라도 정신적인 만족이 없으면 결코 그 소중함도 모르고 만족감도 없을 것이다. 사랑, 봉사, 순수함처럼 정신적인 것이 근본적이며 중요하다.

주장 3. 보이지 않으므로 소중한 것들을 놓치고 후회하는 경우가 많다.

대부분의 사람들은 자신에게 소중한 것인데도 불구하고 눈에 보이지 않으면 신경을 쓰지 않는다. 눈에 보이는 것만 신경을 쓰다가 세월이 흘러 소중한 것을 잃고 나서야 비로소 뒤늦게 후회한다. 어린 왕자도 별을 떠나온 후에야 자신의 별에 있는 장미가 정말 소중하다는 것을 깨닫는다. 어린 왕자에게 장미가 그렇게 소중한 것은 그 장미를 위해 시간을 함께 보냈기 때문이다. 사람들이 진정으로 소중한 것이 무엇인지 알고 진심을 다한다면 후회하는 일이 적어질 것이다. 우리는 눈에 보이지 않는 소중한 것들은 더욱 신경을 써서 관리해야 한다. 이때 눈에 보이는 것은 자연스럽게 저절로 따라올 것이다.

결론적으로 우리 삶에는 중요하지만 보이지 않는 것이 많고 정신적인 것이 더 근본적이며 보이지 않으므로 놓치고 후회하는 것이 많다. 따라서 보이는 것보다 보이지 않는 것이 더 중요하다.

- -

반대 측 입론서

- -

팀명			팀원			
논제	보이는 것보다 보이지 않는 것이 더 중요하다.					
도서	어린 왕자			저자	생텍쥐페리	

• 논의 배경

사람들이 생각하는 삶의 중요도는 가치관에 따라 다를 것이다. 어떤 사람은 물질적인 삶을 중요하게 생각하고 어떤 사람은 정신적인 삶에 더 무게를 둔다. 어린 왕자는 자신의 별을 떠나 지구까지 여행하는 과정에서 다양한 사람들을 만난다. 권력을 갖고 싶어 하는 왕, 허영심으로 가득한 남자, 자기 학대를 반복하는 술꾼, 끝없는 탐욕을 가진 장사꾼, 쉴 틈 없이 가로등을 반복해서 켜는 사람, 이론만 앞세우는 지리학자 등이다. 지구의 어른들도 겉모습을 중요하게 여기며 물질적인 삶을 추구한다. 어린 왕자를 읽고 자신이 중요하다고 느낀 삶의 가치를 생각해 보는 시간이 됐으면 한다.

• 용어 정의

1) 보이는 것 : 우리 눈으로 확인할 수 있는 육체나 물질적인 것.

2) 보이지 않는 것 : 우리 눈으로 확인할 수 없는 마음이나 정신적인 것. (찬성 측과 동일하다.)

주장 1. 보이는 것 중에서 중요한 것이 많다.

우리가 삶을 살아가는 데 꼭 필요한 것이 있다. 특히 눈으로 볼 수 있는 의, 식, 주 등은 아주 중요한 것들이다. 이렇게 현실적이며 기본적인 문제가 해결되지 않으면 인간적인 삶을 살기 힘들다. 우리가 사는 세상은 기본적으로 생계를 해결할 수 있는 물질적인 여유가 있어야 인간다운 삶을 살 수 있고 행복한 삶이 가능하다. 어린 왕자는 정신적인 것을 아주 중요하게 여긴다. 하지만 어린 왕자도 계속 지구에 살면서 어른이 되어 생계를 책임지게 되면 물질적인 것의 중요성을 알게 될 것이다. 우리 삶에서 중요한 물질적인 것은 의, 식, 주 외에도 신체적 건강, 돈, 땅, 태양, 물 등 셀 수 없이 많다. 이것들은 우리 삶에서 기본적으로 필요하며 중요하다.

주장 2. 물질적인 것이 더 믿을 수 있다.

눈에 보이지 않는 정신적인 것은 사람들을 속이고 거짓말을 하기 쉽다. 하지만 눈에 보이는 물질적인 것은 확인이 가능하므로 거짓말을 할 수가 없다. 보이지 않는 것은 확인을 하기 힘들고 정확히 믿기도 힘들어서 다른 사람을 설득하기도 어렵다. 하지만 눈에 보이는 물질적인 것은 측정이 가능하고 다른 사람을 설득하기도 쉽다. 그러므로 우리가 사는 세상은 물질적인 것을 더 믿을 수 있다.

어린 왕자는 여러 별을 여행하면서 그 별에 사는 다양한 사람들과 이야기를 나눈다. 그러면서 눈에 보이는 물질적인 것들을 중요하게 여기는 사람들을 보고 호기심을 가진다. 어린 왕자도 어른이 되면 그 이유를 이해할 수 있을 것이다. 물론 극단적으로 물질적인 것만을 중요하게 여기는 것은 문제다. 정신적인 면과 물질적인 면의 적절한 균형을 맞춰야 한다. 그 균형 상태에서 물질적인 것은 우리가 더 믿을 수 있기 때문에 중요하다.

주장 3. 보이는 것은 관리가 가능하다.

어린 왕자가 살던 소혹성 B-612 별의 장미꽃은 어린 왕자에게 특히 소중하다. 어린 왕자도 아름다운 모습의 장미가 눈에 보였기 때문에 장미를 위해 물을 주고 벌레를 잡고 추위를 막아 준다. 이렇게 많은 시간과 정성을 들인 결과 어린 왕자와 장미는 서로 사랑하게 된다. 어린 왕자도 장미의 아름다운 모습에 반해 사랑에 빠진 것이고 눈에 보였으므로 꾸준히 관리를 해 줄 수 있었다. 그런데 보이지 않는 사람의 마음은 알기가 무척 힘들다. 이렇게 변화를 알 수 있는 물질적인 것은 훨씬 쉽게 관리할 수 있고 우리의 능력으로 조절할 수 있으므로 우리 삶에서 중요하다.

결론적으로 보이는 것 중에서 중요한 것이 많고 물질적인 것이 더 믿을 수 있으며 보이는 것은 관리가 가능하다. 따라서 보이지 않는 것보다 보이는 것이 더 중요하다.

『우리들의 일그러진 영웅』

수록 교과서
초등학교 6학년 국어 읽기

◆ 작가 만나기

이문열 작가는 1948년 경북 영양 출생으로 1979년 〈동아일보〉 신춘문예에 『새하곡』으로 등단했습니다. 그의 작품은 크게 두 가지로 나눌 수 있습니다. 첫째 『우리들의 일그러진 영웅』, 『황제를 위하여』와 같이 한국의 사회 현실에 대한 부조리와 그 문제의식을 우화적으로 재구성하면서 새로운 대안의 가능성을 추구하는 작품입니다. 둘째는 『젊은 날의 초상』, 『그대 다시는 고향에 가지 못하리』 등과 같이 작가의 체험을 극적으로 재구성한 것을 바탕으로 삶의 문제에 대한 실존적 번민을 형상화한 작품입니다.

◆ 작품 살펴보기

주인공인 한병태는 아버지의 전근으로 인해 서울에서 시골 학교로 전학을 가게 됩니다. 반장이자 독재자인 엄석대를 만난 한병태는 엄석대의 세력에 부조리함을 느끼고 저항을 시도합니다. 그러나 오랜 저항으로 소외감과 외로움을 느낀 한병태는 엄석대에게 굴복하여 그의 보호를 받는 쪽을 택하게 됩니다. 6학년이 되어 만난 새 담임 선생님은 반장 선거에서 매번 압승을 거두며 비정상적인 성적을 받는 엄석대를 수상히 여깁니다. 결국 엄석대의 만행이 밝혀지고 몰락한 엄석대는 학교에 불을 지른 후 어디론가 사라집니다. 시간이 흘러 사업에 실패하고 가혹한 세상에 내던져진 한병태는 엄석대를 떠올립니다. 그리고 우연히 수갑이 채워진 채 경찰에 연행되는 엄석대를 보며 회한에 잠깁니다.

　이 작품은 실제 사회에 존재하는 권력의 형성과 몰락을 초등학교 아이들의 이야기를 통해 제시하여 자유와 평등을 지켜야 할 필요성에 대해 생각하게 합니다. 또한 우리 사회의 올바른 민주주의 정착을 위해 어떤 노력을 해야 하는가에 대해 고민하게 합니다.

◆ 다른 작품과 함께 보기

아우를 위하여(황석영 지음)

형이 동생에게 보내는 편지 형식의 단편 소설로, 6·25 전쟁 후 어느 초등학교 교실을 배경으로 합니다. 비민주적인 집단주의로 아이들을 휘두르는 반장 세력과 이 세력에 굴복하며 생활하는 다른 한쪽 아이들의 대립을 통해 힘의 논리에 복종하는 태도를 비판하면서 부조리와 불의한 세력에 대한 저항 정신을 이야기하고 있습니다.

변호인(양우석 감독, 2013)

1981년 3월 출범한 제5공화국의 군사 독재 정권이 집권 초기에 통치 기반을 확보하고자 민주화 운동 세력을 탄압하던 시기의 사건을 토대로 한 영화입니다. 사회과학 독서 모임을 하던 학생, 교사, 회사원 등을 영장 없이 체포한 뒤, 짧게는 20일에서 길게는 63일 동안 불법으로 감금하며 구타 및 고문을 가했습니다. 이로써 독서 모임 등에서 나눈 이야기들은 정부 전복을 꾀하는 반국가 단체의 '이적 표현물 학습'과 '반국가 단체 찬양 및 고무'로 몰리게 되었습니다. 이때 변호사 송우석은 가족같이 정을 나누던 단골 국밥집 아들 진우의 사건 변호를 맡아 불의한 권력에 맞서 항거합니다.

◆ 생각 발견하기

1. 반장 선거 출마를 위한 연설문을 작성해 보세요.
2. 주변에 따돌림을 받아 힘들어하는 친구가 있다면 어떤 이야기를 해 주면 좋을까요?
3. 영웅의 사전적 정의를 찾아보고 내가 알고 있는 영웅의 이름을 써 보세요.

◆ **내용 이해하기**

1. 이 작품의 시대적 배경은 언제인가요?

2. 서울의 명문 학교에 다니던 한병태가 시골 학교로 전학 간 이유는 무엇인가요?

3. 한병태는 반 아이들에게 내세울 만한 것이 몇 가지 있다고 생각했는데 그것은 무엇인가요?

4. 엄석대가 권력을 휘두를 수 있었던 이유는 무엇인가요?

5. '우리들의 일그러진 영웅'은 누구이며 왜 일그러진 영웅이라 부른 것인가요?

◆ **책의 내용으로 토의·토론하기**

1. 엄석대와 반 아이들 모두를 만족시킬 수 있는 학급 운영 방식에 대해 토의해 보세요.

2. 엄석대의 비행을 이야기하지 않은 한병태의 행동에 대해 토론해 보세요.

3. 담임 선생님은 엄석대를 따로 불러 그동안의 잘못에 대해 반성할 기회를 주지 않고 모든 아이들이 보는 앞에서 매질을 합니다. 아이들에게 엄석대를 비난하고 욕하게 한 담임 선생님의 행동에 대해 토의해 보세요.

◆ **토론이 가능한 논제들**

1. 엄석대의 잘못을 끝까지 말하지 않은 한병태의 행동은 옳다.

2. 엄석대를 따른 아이들은 가해자다.

3. 엄석대에게 모질게 매질한 담임 선생님의 행동은 옳다.

토론 개요서

팀명		팀원	
논제		엄석대의 통치 방식은 옳다.	
용어 정의		1) 통치 : 정책 결정이 특정 개인이나 소수 집단에 의해서 행해지며, 강제력을 배경 　으로 하여 시회의 질서와 안정을 도모하는 통합의 방식. 2) 엄석대의 통치 방식 : 반 전체가 아닌 본인의 의사를 반영하여 통치하는 것.	

		찬성 측	반대 측
주장 1	주장	책임감을 갖고 반을 이끌었다.	독재 운영 방식이다.
	근거	엄석대는 학급 내 모든 분야의 작업 지휘를 성실하게 해냈으며 모든 아이들이 단체 활동에 충실하게 참여하게 만들었다. 이러한 엄석대의 책임감 덕분에 엄석대의 통치 방식에 반대했던 한병태조차 엄석대를 통솔력 있는 반장이라고 생각하게 만들었다.	독재 정치는 특정 개인이 권력을 장악하여 독단적으로 지배하는 정치다. 엄석대는 독재를 통해 5, 6학년 반장 선거에서 압승을 거두었다. 그는 독재로써 반 아이들을 서열화하며 자신에게 복종하게 만들었다.
주장 2	주장	반의 질서가 잘 유지되었다.	학급 친구들에게 폭력을 행사했다.
	근거	엄석대는 잘못을 저지른 아이들을 확실하게 벌줌으로써 선생님이나 6학년 선도부원의 형식적인 단속보다 훨씬 효율적으로 반 아이들의 교칙 위반을 막았다. 5학년 담임 선생님 또한 그의 학급 통치 능력을 인정하여 그에게 학급 운영에 대한 많은 부분을 위임한다.	엄석대가 반 아이들에게 물건이나 돈을 빌려 달라고 말하며 돌려주지 않은 것은 금품 갈취에 해당한다. 엄석대는 반에서 공부를 잘하는 아이들의 시험지를 자신의 것과 바꿀 것을 강요하였으며 경제적인 수탈도 서슴지 않았다.
주장 3	주장	반 아이들도 순응하였다.	반장으로서 자신의 이익을 추구하였다.
	근거	석대네 반 아이들은 5학년 내내 석대의 학급 운영 방식에 반발한 적이 없었으므로 엄석대의 권력에는 도덕성이 존재한다. 또한 엄석대는 반 아이들 모두가 참여한 선거로 뽑힌 반장이었다. 그러므로 엄석대의 통치 권력에는 합법성이 존재한다.	반장은 반을 위해 일해야 하므로 사적인 이익보다는 공동의 이익을 위해 애써야 한다. 그러나 엄석대는 부정 선거를 통해 얻은 권력과 힘으로 아이들을 지배했다. 또한 자신이 쥐고 있는 반장이라는 권력을 내세워 사익을 추구하는 모습을 보였다.

찬성 측 입론서

팀명			팀원			
논제	엄석대의 통치 방식은 옳다.					
도서	우리들의 일그러진 영웅			저자	이문열	

• 논의 배경

한병태는 아버지의 전근으로 인해 서울에서 시골 초등학교로 전학을 간다. 그곳에서 반장 엄석대를 만나게 된다. 엄석대는 반장으로서 학급 내 모든 분야의 작업 지휘를 맡았고 이를 성실하게 이끌어 담임 선생님의 신임을 받는다. 그러나 한병태는 엄석대의 권력에 부당함을 느끼고 이에 저항한다. 이 과정에서 한병태는 따돌림을 당하는데 결국 엄석대에게 굴복하며 그의 밑에서 권력의 달콤함을 맛본다. 하지만 영원할 것 같았던 엄석대의 권력은 새로운 담임 선생님에 의해 처참하게 무너진다. 뛰어난 능력으로 반장으로서의 역할을 잘 수행했지만 독재를 통해 반 아이들을 통제하고 자신의 이익을 추구했던 엄석대의 행동이 과연 옳은 것인지 논의해 보고자 한다.

• 용어 정의

1) 통치 : 정책 결정이 특정 개인이나 소수 집단에 의해서 행해지

며, 강제력을 배경으로 하여 사회의 질서와 안정을 도모하는 통합의 방식.

2) 엄석대의 통치 방식 : 반 전체가 아닌 본인의 의사를 반영하여 통치하는 것.

주장 1. 책임감을 갖고 반을 이끌었다.

책임감이란 맡아서 해야 할 임무나 의무를 중히 여기는 마음을 뜻한다. 엄석대의 책임감은 담임 선생님이 그를 신임하지 않을 수 없게 만들었다. 엄석대는 청소 검사, 교칙 위반 감시, 실습 감독, 체육 대회와 환경 미화 등 모든 분야의 작업 지휘를 맡았고 이를 성실하게 이끌었기 때문이다. 그의 통치 방식은 학급의 모든 아이들이 단체 활동에 충실하게 참여하게 만들었다. 엄석대는 아이들 사이에 일어난 문제들까지도 책임감을 가지고 해결하기 위해 노력했다. 이는 쉬는 시간에 다툼을 하여 코피가 난 반 아이를 치료해 준 후 코피를 낸 아이를 혼낸 사건을 통해 알 수 있다. 엄석대의 책임감 있는 통치로 이뤄낸 반 대항 운동 경기 우승과 깨끗한 교실 등은 엄석대의 통치 방식에 대해 반대했던 한병태조차 엄석대를 전 학년에서 가장 공부 잘하고 통솔력 있는 반장이라고 생각하게 만들었다.

주장 2. 반의 질서가 잘 유지되었다.

엄석대는 담임 선생님보다 반 아이들을 잘 부렸으며 각자에게 역할을 분담하여 신속하며 번듯하게 학급의 일을 이루어내게 했다. 또한 그는 잘못을 저지른 아이들을 확실하게 벌줌으로써 선생님이나 6학년 선도부원의 형식적인 단속보다 훨씬 효율적으로 반 아이들의 교칙 위반을 막았다. 그의 학급 운영 능력이나 교칙 위반 단속은 반의 질서 유지에 실효성이 컸다고 말할 수 있다. 5학년 담임 선생님 또한 그의 학급 통치 방식에 대해 칭찬했으며 그의 능력을 인정했다. 담임 선생님이 청소 검사, 숙제 검사, 그리고 처벌권을 반장인 엄석대에게 위임한 것은 그간 석대가 보여 준 학급 운영의 긍정적인 결과 덕분이다. 이를 통해 석대의 학급 운영 방식이 반의 질서 유지에 큰 도움을 준 것을 알 수 있다.

주장 3. 반 아이들도 순응하였다.

정치 권력의 정당성을 확보하기 위해서는 합법성과 도덕성을 통한 국민들의 자발적인 지지가 필요하다. 석대네 반 아이들은 5학년 내내 석대의 학급 운영 방식에 반발한 적이 없었다. 이는 자발적 지지와 같은 것이라고 말할 수 있다. 석대네 반 아이들은 오히려 석대에게 반항하는 한병태의 행동을 의아해했다. 그리고 반 아이들은 무슨 일이 생길 때마다 선생님을 찾듯 엄석대를 먼저 찾았으며 엄석대의 말을 고분고분 따랐다. 이를 통해 반 아이들은 엄석대의 통치 방식에 대해 순응한 것으로 이해할 수 있다. 또한 석대는 반 아이들 모두가 참여한 선거를 통해 뽑힌 반장이었다. 그러므로 석대의 통치 권력에는 합법성이 존재한다고 말할 수 있다. 결과적으로 엄석대는 학급을 운영하는 데에 있어서 정당성을 확보한 것이며 반 아이들은 그의 통치에 순응한 것이라 볼 수 있다.

결론적으로 엄석대는 책임감을 가지고 반을 이끌었고 엄석대에 의해 반의 질서가 잘 유지되었으며 반 아이들도 순응하였다. 따라서 엄석대의 통치 방식은 옳다.

반대 측 입론서

팀명		팀원			
논제	엄석대의 통치 방식은 옳다.				
도서	우리들의 일그러진 영웅		저자	이문열	

• 논의 배경

아버지의 전근으로 인해 서울에서 시골 초등학교로 전학을 간 한 병태는 부정한 독재로 반 아이들에게 군림하는 반장 엄석대를 만나게 된다. 엄석대는 선생님의 절대적인 신임을 받아 학급을 이끄는 과정에서 자신의 권력을 유지하기 위해 철저한 독재를 감행한다. 반항하는 아이들을 억압하고 통제하며 자신에게 굴복시키고 예속

시킨다. 새로 전학을 온 한병태가 합리와 자유를 추구하며 저항하려 하자 교묘하게 권력의 맛을 보여줌으로써 자신을 배신하지 못하게 하는 치밀함을 보여 주었다. 이렇게 대화와 협력이 아닌 독재와 무력의 방식으로 반을 이끌어 나간 엄석대의 통치 방식의 부당함에 대해 논의해 보고자 한다.

• **용어 정의**

1) 통치 : 정책 결정이 특정 개인이나 소수 집단에 의해서 행해지며, 강제력을 배경으로 하여 사회의 질서와 안정을 도모하는 통합의 방식.

2) 엄석대의 통치 방식 : 반 전체가 아닌 본인의 의사를 반영하여 통치하는 것. (찬성 측과 동일하다.)

주장 1. 독재 운영 방식이다.

독재 정치는 특정한 개인 또는 집단이 권력을 장악하여 독단적으로 지배하는 정치로 정권을 획득할 수 있는 정당이 한 개뿐인 독재 국가에서 주로 발생한다. 엄석대는 6학년 반장 선거에서 전체 61표 중 무효 표와 당선자 본인의 표를 제외한 59표를 모두 획득하였다. 이를 기준으로 하면 반 아이들은 독재 국가의 국민으로, 엄석대는 독재 정치가로 이해할 수 있다. 엄석대가 반 아이들의 잘못을 바로잡고 학급 운영에 뛰어난 능력을 보인 것은 사실이지만 그는 반 아이들을 서열화하며 자신에게 복종하게 만드는 등 자신이 가진 능력을 부당한 일에 사용했다. 이것은 분명한 독재며 이러한 학급 운영 방식은 결국 그가 학교를 그만둘 수밖에 없는 상황으로 몰고 갔다. 엄석대의 독재는 선생님의 무능과 방관, 반 아이들의 복종으로 인해 지속되었다. 독재자는 공동체의 자유를 억압하고 부조리한 정치 방식을 사용하므로 독재 정치는 없어져야 한다.

주장 2. 학급 친구들에게 폭력을 행사했다.

학교 폭력은 교내에서 발생한 폭력으로 학생 간에 일어나는 폭행, 상해, 감금, 위협, 약취, 유인, 모욕, 공갈, 강요, 강제적인 심부름, 명예 훼손, 따돌림, 성폭력, 언어폭력 등 정신적, 신체적 피해를 주는 행위를 말한다. 엄석대가 반 아이들에게 물건이나 돈을 빌려 달라고 말하며 돌려주지 않은 것은 금품 갈취에 해당하는 일종의 폭력이다. 엄석대는 자신의 권력에 반항하는 한병태에게만 자치 회의 결정이나 규범을 엄격하게 적용했으며 한병태는 그 어떤 놀이에도 끼지 못했다. 한병태는 그 당시를 생각하면 아직도 가슴이 서늘해진다고 고백했을 정도로 따돌림으로 인해 상처를 받았다. 엄석대는 공부를 잘하는 아이들의 시험지를 자신의 것과 바꿀 것을 강요하는 것으로도 모자라 매주 돈을 바치게 하고 과일, 곡식, 철물 등을 빼앗아 가는 것도 서슴지 않았다.

주장 3. 반장이라는 권력을 내세워 자신의 이익을 추구하였다.

반장은 반을 대표한다는 의미일 뿐, 반을 지배하거나 다스리는 사람이 아니다. 그렇기에 사적인 이익을 추구하는 행동을 하지 않아야 하며 공동의 이익을 위해 애써야 한다. 그러나 엄석대는 부정선거를 통해 얻은 권력과 힘으로 아이들을 지배했다. 또한 자신이 가지고 있는 반장이라는 권력을 내세워 자신의 이익을 추구하는 모습을 보였다. 엄석대는 반 아이들이 가지고 있는 물건을 빌려간 후 돌려주지 않았고 공부를 잘하는 아이들에게 그들의 시험지와 자신의 시험지를 바꾸게 하여 부당한 방법으로 성적을 받았다. 게다가 돈을 받고 분단장을 시켜주기도 했고 학급 운영에 사용하기 위해 거둔 돈의 일부를 빼돌리기도 했다. 이처럼 엄석대는 반장이라는 직책을 이용해 자신의 이익을 추구했다.

결론적으로 엄석대는 독재를 했고 학급 친구들에게 폭력을 행사했으며 반장이라는 권력으로써 자신의 이익을 추구하였다. 따라서 엄석대의 통치 방식은 옳지 않다.

『자전거 도둑』

수록 교과서

천재(노미숙)1, 천재(김종철)2, 교학(남미영)2, 두산(전경원)2,
비상(한철우)1, 신사고(민현식)1, 창비(이도영)1

◆ 작가 만나기

박완서 작가는 1931년 경기도 개풍(현 황해북도 개풍군)에서 출생했으며, 1970년 〈여성동아〉 여류 장편 소설 공모에 『나목』이 당선되어 등단했습니다. 개성에서 어린 시절을, 서울에서 학창 시절을 보낸 그에게 한국 전쟁은 평생 잊을 수 없는 기억으로 작가가 되는 결정적 이유가 됩니다. 주로 전쟁의 비극이나 중산층의 삶 그리고 여성 문제를 다루는 작품을 썼습니다. 우리의 일상을 세심하게 관찰하고 그 이면에 숨겨진 진실까지 적나라하게 드러내며 자신만의 문체와 시각이 담긴 소설을 발표해 한국 문학의 발전에 크게 이바지했습니다.

1979년에 펴낸 단편 소설입니다. 이야기의 배경이 되는 1970년대는 우리나라가 한창 경제 개발을 하던 시기로 도시의 공장에 많은 일손이 필요했습니다. 그래서 당시의 농촌 청년들이나 어린아이들은 가정 형편이 어려워지면 무작정 서울로 올라와서 일거리를 찾는 경우가 많았습니다. 청계천 일대 전기용품 도매점의 수남도 가난한 가정 형편 때문에 시골을 버리고 서울에 와서 한 가게의 점원이 되었습니다. 세 명이 해야 할 일을 혼자 해내느라 쉴 틈이 없지만 주인 영감의 칭찬에 힘든 것도 잊고 열심히 일하는 부지런하고 순진한 열여섯 살 소년입니다. 바람이 세게 부는 어느 날 수남의 자전거가 바람에 넘어가 자동차와 부딪칩니다. 자동차 주인인 신사는 차에 흠집이 났다며 돈을 물어내라고 자전거에 열쇠를 채워 자전거를 못 가져가게 합니다. 그러자 수남은 자전거를 들고 도망치고 이 얘기를 들은 주인 영감은 잘했다며 칭찬을 합니다. 수남은 자신의 도덕성을 지킬 수 있도록 도와주는 어른이 그리워서 짐을 꾸립니다.

이 소설은 사람의 마음속에 도사리고 있는 부도덕성이 얼마나 무서운지를 깨닫게 해 주며 순수함을 다시금 생각하게 합니다.

◆ 다른 작품과 함께 보기

나의 라임 오렌지나무(J. M. 바스콘셀로스 지음)

다섯 살 꼬마인 제제는 너무나 이른 나이에 삶에 숨겨진 슬픔을 발견합니다. 제제에게 진실된 사랑과 우정을 가르쳐 준 뽀르뚜가와의 행복한 만남과 고통스런 이별은 제제의 환상 세계를 모래성처럼 힘없이 무너지게 합니다. 분신과도 같았던 라임 오렌지나무가 처음 피운 꽃을 훈장처럼 얻어 들고서 제제는 자신의 환상 세계와 작별을 고합니다. 순수한 주인공을 둘러싼 외롭고 괴로운 현실과 아름답고 행복한 환상 세계는 팽팽한 긴장을 유지하며 아름답고도 뭉클한 성장 이야기를 들려줍니다.

제리 맥과이어 (캐머런 크로우 감독, 1997)

스포츠 에이전시의 매니저인 제리는 모두가 인정하는 실력자입니다. 모든 여성이 꿈꿔 왔던 뛰어난 능력과 매력적인 외모까지 겸비했습니다. 출세 가도를 질주하던 어느 날, 제리는 갑작스런 해고 통보를 받게 됩니다. 정작 중요한 것은 돈이 아니라 인간이라는 점에 요지를 두고 작성한 제안서가 문제되어 인생 최악의 상황을 맞이합니다. 제리는 그것을 극복하는 과정에서 인간과 진실함이 얼마나 중요한지 깨닫게 됩니다.

◆ **생각 발견하기**

1. '도둑' 하면 무엇이 떠오르는지 마인드맵으로 표현해 보세요.
2. 양심에 어긋나는 행동을 하면 어떤 감정들을 느낄까요?
3. 자전거에 관련된 추억을 적어 보세요.

◆ 내용 이해하기

1. 여러분이 생각하는 수남의 모습을 적어 보세요.

2. 왜 수남은 자전거를 빼앗기게 되었나요?

3. 겨울이 가고 봄이 올 때 바람이 많이 붑니다. 시골의 봄바람과 도
   시의 바람이 어떻게 다른지 작품 속에서 찾아보세요.

4. 서울로 가는 수남에게 아버지가 한 부탁은 무엇인가요?

5. 이 작품에서 가장 인상적인 구절을 적어 보세요.

◆ 책의 내용으로 토의·토론하기

1. 여러분이 수남처럼 자전거를 빼앗겼다면 어떻게 할 것인지 토의
   해 보세요.

2. 여러분이 지금까지 성장하는데 가장 많은 영향을 준 사람은 누구
   인지 이야기를 나눠 보세요.

3. 앞으로 수남이 바르게 성장해서 자신의 꿈을 이루려면 주위 사람
   들의 도움이 필요합니다. 어떤 도움이 필요한지 토의해 보세요.

◆ 토론이 가능한 논제들

1. 신사가 수남에게 돈을 요구하는 것은 당연하다.

2. 자전거를 옆에 끼고 온 수남을 칭찬한 주인 영감의 행동은 옳다.

3. 수남이 짐을 싸서 주인 영감을 떠나는 행동은 옳다.

토론 개요서

팀명		팀원	

논제	자전거를 끼고 달아난 수남의 행동은 정당하다.

용어 정의	1) 자전거를 끼고 달아난 수남의 행동 : 차 주인이 수리비를 내라며 자물쇠를 채운 자전거를 옆구리에 끼고 도망간 행동. 2) 정당 : 이치에 맞아 올바르고 마땅한 것.

		찬성 측	반대 측
주장 1	주장	자연재해로 일어난 사건이다.	양심에 어긋난 행동이다.
	근거	심술 사나운 바람 때문에 일어난 사건이다. 자연재해인 강한 바람 때문에 생긴 사건을 수남이 모두 책임지는 것은 부당한 일이다.	수남은 도둑질을 했다는 생각에 양심의 가책을 느끼고 자신의 태도를 반성한다. 돈을 벌기 위해 서울로 올 때 아버지가 도둑질만은 하지 말라고 신신당부했던 것을 기억해 내면서 수남은 자전거를 훔치듯 가져온 것을 후회한다.
주장 2	주장	수남의 자전거에 차 주인이 자물쇠를 채운 것은 불법이다.	수남은 자신의 잘못에 대해 책임을 져야 한다.
	근거	수남의 자전거를 반 강제적으로 가져가 자물쇠를 채운 차 주인이 먼저 법을 어겼다. 자전거는 원래 수남의 것이므로 가져가도 도둑질이 아니다.	수남은 자신의 잘못된 행동 때문에 생긴 피해에 대해 책임을 져야 하므로 차 수리비를 부담해야 한다. 수남은 신사와 적절한 합의를 보지 못하고 도망을 쳤으니 정당한 행위라고는 볼 수 없다.
주장 3	주장	차 주인이 무리한 요구를 하고 있다.	수남은 고용주인 주인 영감과 함께 해결해야 한다.
	근거	힘이 약한 청소년을 상대로 무리한 요구를 하며 아이를 윽박질렀다. 사소한 흠집을 핑계로 어린아이에게 오천 원이나 내라고 한다.	수남은 미성년자고 일하다 생긴 사고이므로 주인 영감과 함께 해결해야 한다. 수남이 죄책감에 시달리는 모습을 보면 원만하게 해결하고 마음 편하게 사는 것이 더 현명한 선택임을 알 수 있다.

팀명		팀원			
논제	자전거를 끼고 달아난 수남의 행동은 정당하다.				
도서	자전거 도둑		저자	박완서	

• **논의 배경**

작품의 배경이 되는 1970년대는 경제 개발이 활발하게 일어났던 시기다. 경제가 빠르게 발전하면서 사람들은 점점 물질적인 가치를 중요하게 여긴다. 수남은 한참 부모의 사랑을 받아야 할 열여섯 살 어린 나이다. 철물점 조수로서 새벽부터 밤늦게까지 힘들게 생활하면서도 항상 자신이 맡은 일에 최선을 다하고 밝게 웃으면서 살아가는 소년이다. 이른 봄바람이 세차게 불던 어느 날, 수남의 자전거가 바람에 넘어지면서 다른 사람의 차에 흠집을 내게 된다. 차 주인은 자전거에 자물쇠까지 사다 채우면서 오천 원을 수리비로 가져오라고 한다. 수남은 주위 사람들의 말에 홀려 차 주인 몰래 자전거를 옆에 끼고 달아난다. 이런 수남의 행동이 과연 정당한지 함께 생각해 보자.

• **용어 정의**

1) 자전거를 끼고 달아난 수남의 행동 : 차 주인이 수리비를 내라

며 자물쇠를 채운 자전거를 옆구리에 끼고 도망간 행동.

2) 정당 : 이치에 맞아 올바르고 마땅한 것.

주장 1. 자연재해로 일어난 사건이다.

이 사건은 봄이면 으레 불어오는 심술 사나운 바람 때문에 일어
난 자연재해다. 바람에 쓰러진 자전거가 자동차에 흠집을 냈지만
그것은 전적으로 수남의 잘못이 아니다. 차가 많이 망가진 것도 아
니고 사람이 다친 것도 아니므로 경제적으로 여유 있는 자동차 주
인은 너그러운 마음으로 용서를 해 줄 수도 있는 일이다. 얼마든지
수남을 그냥 보내주며 서로 이해하고 넘어갈 수도 있는 상황이다.
그런데 자동차 주인은 수남에게 잘못을 떠넘기고 있다. 수남은 아
직 열여섯 살밖에 안 됐지만 세 사람이 해야 할 일을 혼자서도 야무
지게 잘하고 성격도 꼼꼼하며 책임감도 강한 아이다. 자연재해인
강한 바람 때문에 생긴 사건을 수남에게 모두 책임 지우는 것은 부
당한 일이다.

주장 2. 수남의 자전거에 차 주인이 자물쇠를 채운 것은 불법이다.

수남의 자전거를 반 강제적으로 가져가 자물쇠를 채운 차 주인이
먼저 법을 어겼다. 수남이 자전거를 가지고 갔다고 도둑질이라고
하는데 자전거의 원래 주인은 수남이다. 수남의 자전거를 허락 없
이 가져가 자물쇠를 채운 아저씨의 잘못이 더 크다. 압류란 '국가 권

력으로 특정의 물건 또는 권리에 대하여 사실상의 처분 또는 법률상의 처분을 금지하는 행위'를 말한다. '국가 권력으로'라는 부분은 차 주인이 수남의 자전거를 압류하지 못하는 이유가 된다. 자전거는 원래 수남의 것이므로 도둑질이 아니다.

주장 3. 차 주인이 무리한 요구를 하고 있다.

차 주인은 고급 차에 빌딩까지 갖고 있을 정도로 여유 있는 사람이다. 그러나 수남이 울며 사정을 해도 돈을 가져오지 않으면 자전거를 주지 않겠다며 협박을 하고 자전거에 자물쇠를 채워 놓았다. 수남이 보기에 차는 멀쩡하다. 사소한 흠집을 핑계로 어린아이에게 오천 원을 내라고 하는데 수남에게 그 정도 금액은 아주 큰돈이다. 수남은 열여섯 살 미성년자고 일하다 생긴 사고이므로 가게 주인과 직접 해결해야 한다. 그런데도 힘이 약한 청소년을 상대로 무리한 요구를 하며 아이를 윽박질렀다. 그런 신사를 상대로 자신의 자전거를 되찾아 오는 것은 잘못되었다고 볼 수 없다. 사건을 처음부터 끝까지 구경한 주위 사람들도 수남의 편이 되어 다 해결해 준다며 도망가라고 했다. 솔직히 그런 상황이 닥치면 대부분의 사람들도 자전거를 가지고 갔을 것이다.

결론적으로 자연재해 때문에 일어난 사건이고 수남의 자전거에 자물쇠를 채운 차 주인이 먼저 잘못을 했으며 차 주인은 청소년을

상대로 무리한 요구를 하고 있다. 따라서 자전거를 옆에 끼고 달아
난 수남의 행동은 정당하다.

반대 측 입론서

팀명			팀원			
논제	자전거를 끼고 달아난 수남의 행동은 정당하다.					
도서	자전거 도둑			저자	박완서	

- **논의 배경**

수남은 한참 부모님의 사랑을 받아야 할 열여섯 살의 청소년이
다. 하지만 철물점 조수로서 혼자 세 사람의 몫을 할 정도로 힘들고
바쁘게 생활한다. 그럼에도 불구하고 항상 자신이 맡은 일에 최선
을 다하고 밝게 웃으며 살아간다. 이른 봄, 수남의 자전거가 세찬 봄
바람에 넘어지면서 주차된 차에 약간의 흠집을 내게 된다. 그러자
차 주인은 자전거에 자물쇠까지 사다가 채우면서 수리비를 요구한
다. 하지만 수남은 달아나라는 주위 사람들의 부추김에 차 주인 몰
래 자전거를 옆에 끼고 달아난다. 이런 수남의 행동이 정당한지 함
께 생각해 보자.

• 용어 정의

1) 자전거를 끼고 달아난 수남의 행동 : 차 주인이 수리비를 내라며 자물쇠를 채운 자전거를 옆구리에 끼고 도망간 행동.

2) 정당 : 이치에 맞아 올바르고 마땅한 것.

3) 양심 : 자기가 한 행동에 대해 스스로 옳다고 생각하는 선한 마음.

주장 1. 양심에 어긋난 행동이다.

수남의 얼굴이 누런 똥빛이 된 것은 자신이 양심의 가책을 느낄 만한 행동을 했기 때문이다. 사실 수남의 형은 도둑질을 하다 잡혀 감옥에 있다. 돈을 벌기 위해 서울로 올 때 아버지가 도둑질만은 하지 말라고 신신당부했던 것을 기억해내면서 수남은 자전거를 훔치듯 가져온 것을 후회한다.

주인 영감은 수남이 한 행동을 나무라기는커녕 손해가 나지 않았다고 좋아한다. 수남은 그런 주인 영감을 보며 자신의 잘못을 바로잡아 줄 수 있는 진정한 어른이 아님을 깨닫고 결국 떠날 결심을 한다. 가게를 떠나기로 작정을 하자 수남의 얼굴이 비로소 순수한 소년의 얼굴로 바뀌었던 것은 자신의 양심을 되찾았기 때문이다. 양심에 어긋난 행동, 그것은 무엇보다도 자신이 힘든 일이다.

주장 2. 수남은 자신의 잘못에 대해 책임을 져야 한다.

수남은 자신의 잘못으로 생긴 피해에 대해 책임을 져야 하므로 차 수리비를 부담해야 한다. 수남은 신사와 적절한 합의를 보지 못하고 도망을 쳤으므로 정당한 행위라고는 볼 수 없다. 수남의 자전거가 바람에 넘어가 자동차에 흠집을 냈기 때문에 차 주인에게 변상을 해 주어야 한다. 수남은 처음부터 자전거를 안전한 곳에 잘 세워 두었어야 하고 차 주인이 무리한 요구를 하더라도 자신의 상황을 잘 설명하고 설득했어야 한다. 몇 번 이야기를 꺼내 보는 척만하고 주위 사람들의 말에 홀려 자전거를 가지고 달아난 것은 잘못이다. 수남은 자물쇠로 채워 놓은 자전거를 주변 사람들이 부추기는 대로 들고 도망가기로 결정을 한 순간 스스로 양심에 어긋난 도둑질을 하게 된 것이다. 수남은 차 주인을 찾아가서 다시 협의를 한 뒤 수리비를 주고 자전거를 찾아 와야 한다. 그래야 자신의 잘못에 대한 책임을 다하고 이 사건을 제대로 처리하는 것이 된다.

주장 3. 수남은 고용주인 주인 영감과 함께 해결해야 한다.

수남은 미성년자고 일하다 생긴 사고이므로 주인 영감과 함께 해결해야 한다. 주인 영감은 수남을 꾸짖고 차 주인을 찾아가서 적절하게 해결을 했어야 한다. 그러나 당장 금전적인 손해를 면할 수 있게 되었다는 이유로 주인 영감은 수남의 잘못된 행동을 혼내지 않고 오히려 칭찬을 한다. 인자하고 따뜻한 줄로만 알았던 주인 영감도 사실은 물질적이고 이해타산적인 인물이었던 것이다. 수남이 울면서 자전거를 가지고 열심히 달리는 모습과 자신이 도둑질을 했다는 죄책감에 시달리는 모습을 보면 원만하게 해결하고 마음 편하게 사는 것이 더 현명한 선택임을 알 수 있다.

결론적으로 수남의 행동은 양심에 어긋나며 수남은 자신의 잘못에 책임을 져야 하고 주인 영감이 함께 해결해야 한다. 따라서 자전거를 옆에 끼고 달아난 수남의 행동은 정당하지 않다.

「동백꽃」

수록 교과서

교학(남미영)2, 대교(장수익)4, 비상(김태철)2, 신사고(민현식)3,
신사고(우한용)4, 지학(방민호)3, 천재(김종철)3

◆ 작가 만나기

1908년 강원도 춘천에서 태어난 김유정 작가는 1935년 소설 『소낙
비』가 〈조선일보〉 신춘문예에, 『노다지』가 〈중외일보〉에 당선되어
문단에 데뷔했습니다. 그는 폐결핵에 시달리면서 29세의 나이에 요
절하기까지 불과 2년 동안 30편에 가까운 작품을 남길 만큼 문학적
열정이 뜨거웠습니다. 『봄봄』은 머슴인 데릴사위와 장인 사이의 희
극적인 갈등을 소박하면서도 유머러스하게 표현한 그의 대표적인
농촌 소설입니다.

◆ 작품 살펴보기

소작인의 아들인 '나'는 나무를 하려고 나오다가 자신의 집 수탉이 마름의 딸인 점순네 수탉에게 쪼이고 있는 것을 목격합니다. 점순이 닭싸움을 붙인 것입니다. 나흘 전에 점순이 건넨 감자를 거절한 이후로 점순은 걸핏하면 '나'의 수탉을 괴롭힙니다. 자신의 수탉이 점순네 수탉에게 사정없이 쪼이는 모습을 보고 분노한 '나'는 점순네 수탉을 때려죽입니다. '나'는 마름인 점순네에게 땅과 집을 뺏길까 두려워 울음을 터뜨리고 점순은 우는 '나'를 달래 줍니다. 이때 점순이 '나'의 어깨를 잡고 넘어져 함께 노란 동백꽃 속에 파묻히게 되는데 동백꽃의 냄새에 정신이 아찔해집니다. 점순은 좋아하는 남자아이 옆에 맴돌면서도 마음을 표현하는 데에 서투릅니다. '나' 또한 점순의 마음을 알아차리지 못하여 그녀와 갈등을 겪습니다. 두 인물을 통해 사랑을 간접 체험함으로써 감동하며 정서적으로 성장할 수 있습니다.

◆ 다른 작품과 함께 보기

소나기(황순원 지음)

이성에 눈떠 가는 사춘기 소년과 소녀의 아름답고 슬픈 첫사랑의 경험을 서정적으로 그린 작품입니다. 어린 시절의 순박한 동심 세계가 아름다운 언어로 잘 표현되어 있습니다. 또한 소녀의 죽음으로 인한 소년의 내면의 아픔과 성장의 과정을 자연스럽게 나타냅니다.

플립(로브 라이너 감독, 2010)

건넛집으로 이사 온 브라이스를 보고 첫눈에 반해 버린 줄리는 브라이스에게 끊임없이 마음을 표현합니다. 하지만 나무가 잘리는 걸 막기 위해 시위를 하는 등 남다른 행동을 하는 줄리의 모습이 브라이스에겐 이상할 뿐입니다. 줄리를 피해 다니던 브라이스는 어느 날 줄리가 정성들여 키운 닭의 계란을 선물로 받습니다. 브라이스는 계란을 바로 쓰레기통에 버리려고 했는데 그 모습을 줄리가 보게 됩니다. 브라이스는 미안함을 느끼고 자꾸 줄리에게 신경이 쓰입니다. 가난하지만 화목한 가정에서 현명하게 살아가는 줄리를 보며 브라이스는 점차 사랑을 느끼게 됩니다.

◆ **생각 발견하기**

1. '동백꽃(생강나무)' 하면 떠오르는 생각이나 낱말을 적어 보세요.
2. 좋아하는 꽃의 이름과 꽃말을 찾아 적어 보세요.
3. 좋아하는 이성 친구가 있다면 어떻게 마음을 표현하고 싶은지 적어 보세요.

◆ **내용 이해하기**

1. 우리가 알고 있는 동백꽃은 붉은색입니다. 그렇다면 이 작품에 등장하는 노란 동백꽃은 어떤 나무의 꽃을 가리키는 것인가요?
2. 점순이 '나'에게 감자를 준 이유는 무엇인가요?

3. '나'를 괴롭히는 점순의 횡포가 점점 심해진 이유는 무엇인가요?

4. '나'가 점순의 심술궂은 행동에 소극적으로 대응할 수밖에 없었던 이유는 무엇인가요?

5. '나'가 점순네 닭을 때려죽이고 난 후 점순과 화해하는 장면의 구절을 적어 보세요.

◆ 책의 내용으로 토의·토론하기

1. 자기의 감정을 적극적으로 표현하는 점순의 행동에 대해 토의해 보세요.

2. '나'의 관심을 끌기 위해 닭싸움을 시킨 점순의 행동이 옳은가에 대해 토론해 보세요.

3. 점순은 '나'에게 감자를 주며 "느 집엔 이거 없지."라고 말합니다. 이 말을 들은 후 '나'의 기분이 어떠했을지 토의해 보세요.

◆ 토론이 가능한 논제들

1. 점순의 마음을 몰라준 '나'의 행동은 당연하다.

2. '나'의 닭을 괴롭히는 점순의 행동은 옳다.

3. '나'가 점순의 수탉을 때려죽인 것은 잘못이다.

토론 개요서

팀명		팀원	

논제	점순이 준 감자를 거절한 나의 행동은 옳다.

용어 정의	1) 점순 : 마름의 딸로, 시원시원하며 기가 센 성격을 가진 인물. 2) 감자 : '나'에 대한 점순의 관심을 표현하는 상징적 물질.

		찬성 측	반대 측
주장 1	주장	점순은 '나'의 자존심을 상하게 했다.	'나'는 점순의 호의를 무시했다.
	근거	점순은 일을 하고 있는 '나'에게 다가와 관심을 표현하는데 부끄러운 마음을 숨기기 위해 다소 얄미운 말을 건넨다. 이런 점순의 말투로 자존심이 상한 '나'는 점순이 준 감자를 거절한다.	'나'는 점순이 감자를 건네며 한 말에 기분 나빠한다. 하지만 점순이 건넨 감자는 '나'에 대한 점순의 관심 표현이었다. 단지 점순은 민망함을 숨기기 위해 장난 섞인 말투를 사용한 것이다.
주장 2	주장	어머니의 당부가 있었다.	점순의 보복이 계속되었다.
	근거	'나'의 어머니는 점순네 부모의 너그러운 인품을 칭찬했지만 점순과 붙어 다니지 말라고 당부한다. 점순네에게 잘못 보이면 점순네 부모님이 빌려준 땅과 집에서 쫓겨나게 될 것이기 때문이다.	점순은 감자 사건으로 속상해진 마음을 풀기 위해 '나'에게 보복을 한다. 그녀는 '나'의 관심을 끌기 위해 '나'가 지나다니는 길에 닭을 데려와 닭싸움을 시켰다.
주장 3	주장	'나'는 점순에게 관심이 없었다.	'나'와 점순의 사이가 나빠졌다.
	근거	점순은 이전에는 말도 잘 걸지 않았지만 '나'에게 관심이 생긴 이후 이를 표현하기 위해 노력한다. 그런데 '나'는 이러한 점순의 행동의 변화에 의아해하고 그녀와의 대화를 귀찮게 여길 뿐 그다지 좋아하지 않았다.	점순은 '나'에게 호감을 느끼던 인물이었다. 그러나 '나'가 감자를 거절하자 '나'에게 횡포를 부린다. 이후 계속된 점순의 보복은 그녀에 대한 '나'의 미운 감정을 고조시켰으며, '나'의 분노는 점순네 닭을 때려 죽이는 것으로 폭발한다.

찬성 측 입론서

팀명		팀원		
논제	점순이 준 감자를 거절한 나의 행동은 옳다.			
도서	동백꽃		저자	김유정

• 논의 배경

점순은 마름의 딸이고 '나'는 소작농의 아들이다. 이성에 눈뜬 점순은 귀한 봄 감자를 '나'에게 몰래 가져다 주는 것으로 관심을 표현한다. 그런데 감자를 건네는 점순의 말투가 '나'의 자존심을 상하게 하여 '나'는 감자를 거절한다. 이후 점순은 '나'의 수탉을 괴롭히는 등 지속적인 보복을 한다. '나'는 점순의 보복을 더 이상 참지 못하고 결국 점순네 수탉을 죽이게 된다. '나'가 감자를 거절한 이후 점순과의 갈등이 점점 심해졌기에 점순이 준 감자를 거절한 '나'의 행동이 옳은지 토론을 통해 알아보고자 한다.

• 용어 정의

1) 점순 : 마름의 딸로, 시원시원하며 기가 센 성격을 가진 인물.
2) 감자 : '나'에 대한 점순의 관심을 표현하는 상징적 물질.

논점 1. 점순은 '나'의 자존심을 상하게 했다.

시원시원한 성격을 가진 점순은 일을 하고 있는 '나'에게 다가와 말을 걸고 감자를 권하며 관심을 표현한다. 그런데 점순은 부끄러운 마음을 숨기기 위해 다소 얄미운 말을 건넨다. 비록 점순과 '나' 사이에는 신분의 차이가 존재하지만 점순의 말투에서 무시하고 있다는 것이 느껴졌기에 '나'는 기분이 나빴을 것이다. '나'는 점순의 말투와 행동에 자존심이 상해 점순이 준 감자를 거절한 것이다. 만약 점순이 생색을 내지 않고 '나'에게 감자를 권했다면 '나'도 점순에게 고마움을 느끼며 감자를 먹었을 것이고 서로의 사이가 나빠지지도 않았을 것이다. 게다가 '나'가 감자를 거절한 이후로 그녀는 틈만 나면 본인의 수탉과 '나'의 수탉을 싸움 붙였는데 그 싸움에서 번번이 지고 마는 '나'의 수탉을 보면서 '나'는 다시금 자존심이 상했을 것이다.

논점 2. 어머니의 당부가 있었다.

점순은 마름의 딸이고 소작농인 '나'의 부모님은 점순네 땅에서 농사를 지어 살아가고 있다. '나'와 부모님이 처음 이 마을에서 살게 되었을 때 집이 없어서 힘들게 지냈는데 점순네 부모님이 집터를 빌려주고 집을 짓게 해 주었다. '나'의 부모님은 양식이 떨어질 때마다 매번 점순네한테 빌려 먹었고 점순네처럼 인품이 좋은 집은 없을 것이라며 점순네 부모님의 너그러운 인품을 칭찬했다. 그러나

'나'의 어머니는 점순과 붙어 다니며 친한 사이로 지내지 말고 동네에 소문이 나지 않도록 주의하라고 당부한다. 그 이유는 점순네에게 잘못 보이게 되면 점순네 부모님이 빌려준 땅과 집에서 쫓겨나게 될 것이기 때문이다. 이러한 사정으로 인해 '나'는 점순이 자꾸 말을 걸고 관심을 표현해도 별 반응을 보이지 않은 것이다.

논제 3. '나'는 점순에게 관심이 없었다.

점순은 '나'에게 관심이 있다는 것을 표현하기 위해 노력했다. 이전에는 말도 잘 걸지 않았지만 이제는 일을 하는 '나'에게 다가와 필요하지 않은 말을 걸기도 하고 갓 구운 감자를 건네기도 한다. 그런데 '나'는 이러한 점순의 행동이 의아할 뿐 점순과의 대화를 그다지 좋아하지 않는다. '나'가 점순에게 관심이 있었다면 점순이 건 말에 귀찮다는 듯이 대답하지 않았을 것이다. 게다가 '나'는 점순이 웃는 것을 보고 "별로 우스울 것도 없는데, 날씨가 풀리더니 이놈의 계집애가 미쳤나 하고 의심"을 한다. 만약 '나'가 점순에게 관심이 있었다면 점순의 웃음에 호의적이었을 것이다. 이를 통해 '나'는 점순에게 관심이 없다는 것을 유추할 수 있다.

결론적으로 점순은 '나'의 자존심을 상하게 했고 점순과 가까이 지내지 말라는 어머니의 당부가 있었으며 '나'는 점순에게 관심이 없었다. 따라서 점순이 준 감자를 거절한 나의 행동은 옳다.

팀명		팀원		
논제	점순이 준 감자를 거절한 나의 행동은 옳다.			
도서	동백꽃	저자	김유정	

• **논의 배경**

　점순은 '나'에 대한 관심과 애정을 표현하기 위해 부끄러움을 무릅쓰고 감자를 가지고 왔다. 하지만 순진하고 어수룩한 성격인 '나'는 점순의 관심을 눈치채지 못한다. 오히려 점순을 이상한 아이라고 생각하며 감자를 거절한다. 이후 둘 사이의 갈등은 깊어만 갔다. 자신의 암탉을 괴롭히는 점순에게 약이 오른 '나'는 자신의 수탉에게 고추장을 먹여 점순네 닭과 싸움을 붙인다. 그리고 홧김에 점순네 닭을 때려죽인다. '나'가 점순이 건넨 감자를 거절했기에 둘 사이에 불필요한 갈등이 발생한 것이다. 점순이 호의로 준 감자를 거절하여 갈등을 고조시킨 '나'의 행동이 옳은지 논의해 보고자 한다.

• **용어 정의**

　1) 점순 : 마름의 딸로, 시원시원하며 기가 센 성격을 가진 인물.

　2) 감자 : '나'에 대한 점순의 관심을 표현하는 상징적 물질. (찬성 측과 동일하다.)

논점 1. '나'는 점순의 호의를 무시했다.

평소 점순의 말과 행동을 통해 그녀의 성격이 솔직하며 천연덕스럽고 괄괄하다는 것을 유추할 수 있다. '나'를 좋아하게 된 점순은 일을 하는 '나'에게 와서 말을 걸기도 하고 갓 구운 귀한 봄 감자를 건네기도 한다. 이렇게 '나'에게 관심을 표현하려 노력하는 점순의 모습은 평소와 달랐다. '나'는 점순이 감자를 건네며 한 말이 생색을 낸 것이라고 생각할 수도 있고 자신의 자존심을 상하게 했다고 생각할 수도 있을 것이다. 그러나 이는 '나'를 좋아하는 마음을 표현하는 방식이 서툴렀던 점순이 장난 섞인 말투로써 민망함을 숨긴 것이다. 즉 점순이 건넨 감자는 '나'에 대한 점순의 호의이자 관심의 표현이었다. 그러므로 이를 단칼에 거절한 '나'의 행동은 점순의 호의를 무시한 것이라 할 수 있다.

논점 2. 점순의 보복이 계속되었다.

'나'가 점순이 건넨 감자를 거절하자 점순은 얼굴이 빨개지며 눈에는 눈물까지 맺혔다. 이것으로 보아 점순이 매우 무안하고 부끄러우며 속상했을 것임을 알 수 있다. 점순은 감자 사건으로 속상해진 마음을 풀기 위해 '나'에게 보복을 하였다. 점순의 보복은 그녀의 수탉과 '나'의 수탉을 데려다가 싸움을 부추기는 것이었다. 그녀는 시도 때도 없이 닭싸움을 부추겼는데 몸집이 크고 튼튼하게 생긴 점순네 수탉에 비해 몸집이 작은 '나'의 수탉은 매번 싸움에서 져서

피를 흘렸다. 그런데 이러한 점순의 행동은 단순히 보복을 하기 위해서만은 아니었다. '나'가 지나다니는 길에 닭을 데려와서 닭싸움을 시켰던 것은 '나'의 관심을 끌기 위해서였다. 만약 '나'가 점순이 권한 감자를 거절하지 않았다면 그렇지 않아도 작은 수탉이 피를 흘리며 다치는 일은 생기지 않았을 것이다.

논점 3. '나'와 점순의 사이가 나빠졌다.

점순은 '나'에게 관심을 보이며 호의를 표현했다. 그러나 '나'가 감자를 거절하자 '나'와 '나'의 아버지를 욕하고 닭싸움을 거는 등 횡포를 부리게 되었다. 무뚝뚝하며 둔해서 점순의 마음을 눈치 채지 못했던 '나' 또한 평소 점순을 "걱실걱실히 일 잘하고 얼굴 이쁜 계집"이라고 생각했었지만 감자 사건 이후 계속된 그녀의 보복으로 인해 점순을 "여우 새끼 같다"고 표현하는 등 점순에 대한 미운 감정이 고조되었다. 점순에 대한 분노를 참지 못한 '나'는 '나'의 닭과 닭싸움을 하고 있던 점순네 닭을 때려죽인다. 이는 점순에 대한 분노의 감정이 폭발한 것이다.

결론적으로 '나'는 점순의 호의를 무시했으며 이로 인해 점순의 보복이 계속되었고 '나'와 점순의 사이가 나빠졌다. 따라서 점순이 준 감자를 거절한 나의 행동은 옳지 않다.

「하늘은 맑건만」

수록 교과서

두산(이삼형)1, 두산(전경원)1, 미래엔(윤여탁)1,
신사고(우한용)2, 지학(방민호)2, 천재(박영목)1

◆ 작가 만나기

현덕 작가는 1909년 서울에서 태어났습니다. 소설가이자 아동문학
가로 등단한 이후 2년에 걸쳐 8편의 단편 소설과 40여 편의 '노마'
연작 동화, 그리고 10여 편의 소년 소설을 발표했습니다. 1945년
8월 15일 광복 직후 조선문학가동맹 출판 부장을 맡아 소설과 아동
문학 분과에서 활동했습니다. 이때에 이미 발표했던 작품들을 묶어
1946년 소년 소설집 『집을 나간 소년』과 동화집 『포도와 구슬』, 『토
끼 삼형제』와 소설집 『남생이』를 간행했습니다. 6·25전쟁 중 월북
해 1951년 종군 작가단에 참여했고 북한에서 단편 소설집 『수확의
날』을 출간했습니다.

주인공 문기는 숙모의 심부름으로 고깃간에서 고기를 사는데 주인의 실수로 본래 받아야 할 돈보다 훨씬 많은 거스름돈을 받게 됩니다. 의아해하며 집으로 돌아가던 문기는 우연히 친구 수만을 만나 거스름돈에 대해 이야기합니다. 이후 문기와 수만은 더 받은 거스름돈으로 물건을 사고 군것질을 합니다. 문기에게 새 물건이 많아진 것을 의아해하는 삼촌에게 거짓말을 하여 죄책감에 빠진 문기는 물건을 버리고 남은 돈은 종이에 싸서 고깃간 안마당에 던집니다. 수만은 남은 거스름돈을 가져오지 않으면 도둑질한 것을 소문내겠다고 문기를 협박하였고 문기는 고민 끝에 숙모의 돈을 훔칩니다. 죄책감이 극에 달한 문기는 교통사고를 당합니다. 병원에 실려 간 문기는 삼촌에게 그동안 있었던 일들을 고백하고, 맑은 하늘을 떳떳하게 볼 수 있을 거라고 생각하며 좋아합니다.

◆ 다른 작품과 함께 보기

광명을 찾아서(현덕 지음, 창비, 2013)

이 소설은 사회가 혼란스럽고 경제적인 형편도 몹시 어려웠던 시대를 배경으로 하고 있습니다. 부모 없이 삼촌네에 사는 창수는 숙모가 힘겹게 마련한 후원 회비를 도둑맞고 얼떨결에 거짓말을 합니다. 이후 자꾸 일이 어긋나며 나쁜 상황으로 빠집니다. 하지만 끝내 양심을 잃지 않고 자기 안에 존재하는 어둠을 깨닫고 몰아내는 과정을 통해 희망을 되찾게 됩니다.

제보자(임순례 감독, 2014)

세계 최초로 인간 배아 줄기세포 추출에 성공한 이장환 박사의 연구 결과가 국민적인 관심사로 떠오르고 있는 가운데 이장환 박사와 함께 줄기세포 연구를 해 오던 심민호 팀장은 'PD 추적' 윤민철 PD에게 논문이 조작되었다는 사실과 함께 줄기세포 실험 과정에서 벌어진 비윤리적 행위에 대해 양심선언을 합니다. 거짓을 말하고 진실을 외면하는 일이 만연해 있는 우리 사회에서 진실을 말하는 것이 얼마나 중요한 가치인지 깨닫게 합니다.

◆ **생각 발견하기**

1. 문기는 뜻하지 않은 돈을 손에 넣게 되면서 거짓말을 하고 양심을 속이는 행동을 합니다. 혹시 여러분도 문기와 비슷한 경험이 있었다면 자신의 경험을 적어 보세요.
2. 죄책감 하면 떠오르는 생각이나 단어를 적어 보세요.
3. 작품의 제목이 왜 '하늘은 맑건만'인지 이유를 생각해 보세요.

◆ **내용 이해하기**

1. 작품의 시대적 배경을 알 수 있는 단어들을 적어 보세요.
2. 문기와 수만의 성격을 각각 적어 보세요.

3. 문기는 왜 삼촌에게 미안한 감정을 느꼈을까요?

4. 삼촌의 훈계 이후 양심의 가책을 느낀 문기가 양심을 되찾기 위해 어떤 행동을 했는지 적어 보세요.

5. 문기는 맑고 푸른 하늘을 떳떳한 얼굴로 쳐다보기가 두렵다고 하였습니다. 하지만 소설의 마지막 부분에서는 맑고 푸른 하늘을 떳떳이 쳐다볼 수 있을 것이라고 하였습니다. 그 이유는 각각 무엇인가요?

◆ **책의 내용으로 토의·토론하기**

1. 수만을 핑계로 자기의 행동을 합리화하는 문기의 행동에 대해 토의해 보세요.

2. 삼촌의 꾸중을 듣고도 진실을 말하지 못한 문기의 입장에 대해 토의해 보세요.

3. 문기는 수만에게 갖은 협박을 받습니다. 만약 여러분이 문기라면 수만의 협박에 어떻게 대응했을지 토의해 보세요.

◆ **토론이 가능한 논제들**

1. 문기가 남은 돈을 고깃간 안마당에 던진 것은 잘한 일이다.

2. 수만의 꾐에 빠져 더 받은 거스름돈을 쓴 것에 대한 책임은 문기가 져야 한다.

3. 정직은 돈보다 소중하다.

토론 개요서

팀명		팀원	

논제	문기는 더 받은 거스름돈을 돌려주어야 한다.
용어 정의	1) 문기 : 작품의 주인공으로 소심하고 겁이 많음. 2) 더 받은 거스름돈 : 문기가 심부름을 간 고깃간에서 주인의 실수로 더 받은 돈으로 약 9원.

		찬성 측	반대 측
주장 1	주장	고깃간 주인이 실수한 것이니 돌려주어야 한다.	돈을 더 받은 것은 문기의 잘못이 아니다.
	근거	고깃간 주인의 실수로 문기가 더 받은 돈은 주인에게 돌려주는 것이 당연하다. 상대방의 실수로 인해 얻은 돈은 정당한 돈이 아니기 때문이다. 정당하게 얻은 돈이 아니라면 그 금액이 많든 적든 주인에게 돌려주는 것이 마땅하다.	당시 문기가 거스름돈을 알맞게 받은 것인지 의아하여 돈과 주인을 의심스레 쳐다보았지만 고깃간 주인은 자신의 실수를 눈치채지 못했다. 따라서 거스름돈을 잘못 준 것은 고깃간 주인이므로 돈을 더 받은 것은 문기의 잘못이 아니다.
주장 2	주장	문기는 양심의 가책을 느껴 괴로워했다.	문기는 삼촌 집에 얹혀사는 형편이다.
	근거	문기는 물 위로 공을 던졌을 때 죄책감에서 벗어나 통쾌함을 느꼈으며 고깃간 안마당에 나머지 돈을 던진 후 후련해한다. 이러한 문기의 행동에서 문기가 더 받은 돈을 사용하면서 심한 죄책감을 느꼈다는 것을 알 수 있다.	어려서부터 삼촌의 손에 길러진 문기는 부모님을 대신하여 자신을 돌보아 주는 삼촌과 외숙모에게 용돈을 달라는 말을 하기가 어려웠을 것이다. 더 받은 거스름돈으로 군것질을 하고 장난감을 산 것으로 보아 용돈이 부족했을 것이다.
주장 3	주장	문기는 상황을 악화시켰다.	문기는 수만의 꾐에 넘어갔다.
	근거	죄책감을 느낀 문기는 나머지 돈을 고깃간 안마당을 향해 던져 버린다. 문기가 환등 기계를 이용해 용돈을 벌기로 했던 약속을 어기자 수만은 돈을 가져오지 않으면 도적질을 했다고 소문을 낼 것이라 협박한다. 협박에 지친 문기는 외숙모의 돈을 훔치고 죄책감이 극에 달해 교통사고를 당한다.	문기는 집으로 돌아가는 길에 친구 수만을 만나 더 받은 거스름돈에 대해 이야기한다. 수만은 문기에게 더 받은 거스름돈으로 갖고 싶었던 물건을 사는 데에 사용하자며 꾀고 문기는 그 꾐에 넘어간다.

팀명		팀원			
논제	문기는 더 받은 거스름돈을 돌려주어야 한다.				
도서	하늘은 맑건만		저자	현덕	

• 논의 배경

주인공 문기는 숙모의 심부름으로 고깃간에서 고기를 사는데 주인의 실수로 본래 받아야 할 돈보다 훨씬 더 많은 거스름돈을 받게 된다. 의아해하던 문기는 집으로 돌아가는 길에 친구 수만을 만나 더 받은 거스름돈에 대해 이야기한다. 이후 수만의 꾐에 넘어간 문기는 더 받은 거스름돈을 돌려주지 않고 수만과 함께 사용한다. 더 받은 돈을 사용하며 기뻐하기도 하고 죄책감에 시달리기도 한 문기를 통해 양심을 지키는 것이 얼마나 중요한 것인지 논의해 보고자 한다.

• 용어 정의

1) 문기 : 작품의 주인공으로 소심하고 겁이 많음.

2) 더 받은 거스름돈 : 문기가 심부름을 간 고깃간에서 주인의 실수로 더 받은 돈으로 약 9원.

주장 1. 고깃간 주인이 실수한 것이니 돌려주어야 한다.

고깃간 주인이 문기에게 원래 주어야 할 돈보다 더 많은 거스름 돈을 준 것은 가게에 손님이 너무 많아 분주해 정신이 없었기 때문이다. 따라서 문기가 고깃간 주인의 실수로 더 받은 돈을 주인에게 돌려주는 것이 당연하다. 상대방의 실수로 인해 얻은 돈은 정당한 돈이 아니다. 정당하게 얻은 돈이 아니라면 그 금액이 크든 적든 주인에게 돌려주는 것이 마땅하다. 또한 작품에서도 알 수 있듯이 문기는 중문 안 안반 뒤에 숨겨 둔 공이 없어졌을 때 숙모가 가져가셨을까 봐 불안해했으며 삼촌에게 수만이 준 것이라며 거짓말까지 한다. 이것으로 미루어 보아 문기가 바람직하지 않은 행동을 했다는 것을 스스로도 알고 있다고 말할 수 있다.

주장 2. 문기는 양심의 가책을 느껴 괴로워했다.

삼촌이 문기에게 공과 쌍안경을 어디서 난 것이냐고 물었을 때 문기는 수만이 준 것이라고 거짓말을 했다. 거짓말을 한 자신에 대해 부끄러움을 느낀 문기는 얼굴이 벌겋게 달아올랐으며 삼촌에게 미안한 마음을 느꼈다. 삼촌의 훈계 이후 자신의 비양심적인 행동에 죄책감과 부끄러움을 느낀 문기는 공과 쌍안경을 길바닥에 버렸다. 또한 남은 돈을 종이에 싸서 담 너머 고깃간 안마당을 향해 던져 버렸다. 문기는 물 위로 공을 던졌을 때 죄책감에서 벗어나 통쾌함을 느꼈으며 고깃간 안마당에 나머지 돈을 던진 후 후련해한다.

게다가 문기는 떳떳이 남을 대할 수 있는 마음을 갖고 싶다는 생각을 하며 죄책감에서 벗어나고 싶어 했다. 이러한 행동에서 문기가 고깃간 주인의 실수로 더 받은 돈을 사용하면서 양심의 가책을 느껴 괴로워했다는 것을 알 수 있다.

주장 3. 문기는 상황을 악화시켰다.

수만은 문기에게 더 받은 거스름돈을 함께 사용하고 그 나머지 돈으로 환등 기계를 구입해 아이들에게 구경을 시킨 후 돈을 받아 용돈으로 쓰자고 제안했다. 그러나 삼촌의 훈계 이후 죄책감을 느낀 문기는 나머지 돈을 고깃간 안마당을 향해 던져버렸다고 말한다. 수만은 문기가 나머지 돈을 혼자서 사용하기 위해 자신에게 거짓말을 하는 것이라 생각하여 도적질을 했다고 소문낼 것이라며 문기를 협박한다. 날이 갈수록 심해지는 수만의 협박에 괴로워하던 문기는 집에 아무도 없는 틈에 외숙모의 돈을 훔쳐 수만에게 준다. 문기의 도둑질은 점순이 덮어쓰게 되고 결국 점순은 쫓겨나게 된다. 이러한 사건들을 통해 죄책감과 두려움이 극에 달한 문기는 자신도 모르게 찻길로 들어가 교통사고를 당한다. 애초부터 문기가 더 받은 거스름돈을 고깃간 주인에게 돌려주었다면 죄책감을 느끼지도 않았을 것이며 수만의 협박이 괴로워 외숙모의 돈을 훔치는 일도 없었을 것이다. 즉 문기는 호미로 막을 일을 가래로 막은 격이라고 볼 수 있다.

결론적으로 문기가 거스름돈을 더 받은 것은 고깃간 주인이 실수한 것이며, 문기 스스로 양심의 가책을 느껴 괴로워했으며 상황을 악화시켰다. 따라서 문기는 더 받은 거스름돈을 돌려주어야 했다.

반대 측 입론서

팀명		팀원			
논제	문기는 더 받은 거스름돈을 돌려주어야 한다.				
도서	하늘은 맑건만		저자	현덕	

• 논의 배경

부모님의 보살핌을 받을 수 없는 처지인 주인공 문기는 유일한 보호자인 삼촌 댁에 얹혀살고 있다. 어느 날 숙모는 문기에게 지전 한 장을 주며 고깃간에 가서 저녁에 쓸 고기 한 근을 사오라고 한다. 그 시간에 삼거리 고깃간은 항상 사람들로 붐볐다. 바쁜 고깃간 주인은 문기가 낸 돈을 제대로 확인하지 않고 본래 내주어야 할 돈보다 훨씬 많은 돈을 내어 준다. 평소 순진한 문기는 수만의 꾐에 넘어가 더 받은 거스름돈을 사용한다. 고깃간 주인의 잘못과 수만의 꾐에 넘어가 더 받은 거스름돈을 돌려주지 않은 문기의 행동에 대해 논의해 보고자 한다.

- 용어 정의

1) 문기 : 작품의 주인공으로 소심하고 겁이 많음.

2) 더 받은 거스름돈 : 문기가 심부름을 간 고깃간에서 주인의 실수로 더 받은 돈으로 약 9원. (찬성 측과 동일하다.)

주장 1. 돈을 더 받은 것은 문기의 잘못이 아니다.

외숙모의 심부름으로 고깃간에 간 문기는 고깃간 주인에게 거스름돈을 받은 후 자신이 숙모에게 일 원짜리를 받은 것이 맞는지 어리둥절했다. 문기는 거스름돈을 더 받은 것 같다는 생각이 들어 돈과 주인을 의심스레 쳐다보았다. 그러나 고깃간 주인은 다음 사람의 고기를 자르느라 분주했다. 거스름돈을 알맞게 받은 것인지 의아해하던 문기는 "다시 생각하면 정말 숙모가 일 원짜리를 준 것인지 아닌지 모르겠다. 숙모에게 먼저 알아볼 일이었다."고 생각한다. 당시 문기는 자신이 거스름돈을 알맞게 받은 것인지 아닌지 알 수 없었다. 따라서 문기에게 거스름돈을 잘못 준 것은 고깃간 주인이므로 돈을 더 받은 것은 문기의 잘못이 아니다.

주장 2. 문기는 삼촌 집에 얹혀사는 형편이다.

문기는 일찍이 어머니를 여의고 아버지는 허한 소리만 하면서 남루한 주제에 거처가 없이 여러 지방을 돌아다니는 사람으로 문기를 키울 형편이 되지 않아 어려서부터 삼촌의 손에 길러졌다. 문기의 외숙모는 고깃간에 심부름을 다녀온 문기가 전해 준 거스름돈을 두 번이나 세어 보는 것으로 미루어 보아 돈에 대해 꼼꼼하게 계산하는 사람임을 알 수 있다. 또한 문기는 삼촌 앞에서 무릎을 꿇고 앉을 만큼 삼촌을 어려워한다. 이런 상황으로 보아 문기는 자신을 돌보아 주는 삼촌과 외숙모에게 돈을 달라고 말하기 어려웠을 것이다. 문기가 더 받은 거스름돈으로 수만과 군것질을 하고 다닌 것도 평소에는 먹고 싶어도 먹지 못했던 것들을 사 먹은 것이라고 볼 수 있다.

주장 3. 문기는 수만의 꾐에 넘어갔다.

너무 많은 거스름돈을 받아 의아해하던 문기는 집으로 돌아가는 길에 친구 수만을 만나 더 받은 거스름돈에 대해 이야기한다. 문기의 이야기를 들은 수만은 잔돈만 숙모에게 드리고 숙모가 아무 말도 하지 않으면 나머지 돈을 가지고 밖으로 나오라고 한다. 수만은 돈을 가지고 나온 문기에게 나머지 돈으로 갖고 싶었던 물건을 사고 해 보고 싶었던 일을 하는 데에 사용하자며 꾄다. 결국 문기는 좋은 일이 있다는 수만의 꾐에 속아 더 받은 거스름돈을 쓰게 되었다.

결론적으로 돈을 더 받은 것은 문기의 잘못이 아니고 문기는 삼촌 집에 얹혀사는 형편이며 수만의 꾐에 넘어갔다. 따라서 문기는 더 받은 거스름돈을 돌려주지 않아도 된다.

『시간을 파는 상점』

수록 교과서
고등학교 2학년 국어(해냄 에듀)

◆ **작가 만나기**

충북 청원에서 태어난 김선영 작가는 2004년 〈대전일보〉 신춘문예에 단편 「밀례」가 당선되어 등단했습니다. 시간을 소재로 철학적이고 추상적일 수 있는 이야기를 편안하고 재미있게 풀어낸 작품인 『시간을 파는 상점』으로 제1회 자음과모음 청소년문학상을 수상하였습니다. 경계에서 고군분투하는 청소년들에게 힘이 되는 소설을 쓰고 싶어 하며 작품으로『특별한 배달』,『미치도록 가렵다』,『열흘간의 낯선 바람』 등이 있습니다.

주인공 온조는 인터넷 카페에 '크로노스'라는 닉네임으로 '시간을 파는 상점'을 오픈해 손님들의 어려운 일을 대신해 주면서 자신의 시간을 팝니다. PMP 도난 사건을 해결해 달라는 의뢰, 자신의 할아버지와 맛있게 식사를 해 달라는 의뢰, 천국의 우편배달부가 되어 달라는 의뢰 등 여러 가지 의뢰가 이어집니다. 그러던 중 PMP 분실 사건으로 죽음을 결심한 학생이 밝혀지고 예상치 못한 위기가 찾아오지만 온조와 친구들은 위태로운 상황에서도 지혜롭게 답을 잘 찾아갑니다. 청소년의 눈높이에 맞춘 추리 소설 기법을 이용해 끊임없이 호기심을 자극하고 긴장감이 유지되어 재미있게 읽을 수 있는 작품입니다. 우리에게 주어진 시간의 양면성에 대해 생각해 보게 합니다.

◆ 다른 작품과 함께 보기

나의 아름다운 정원(심윤경 지음, 한겨레출판, 2013)

어린 소년의 눈을 통해 황금빛 유년을 기록하고 가족과 주위의 삶을 그려낸 성장 소설입니다. 탄탄한 구성과 깊이 있는 문장에서 가족에 대한 따뜻하고 세밀한 묘사가 돋보입니다. 동생과 아름다운 담임 선생님을 향한 내면적인 감정이 설득력 있게 잘 표현되어 있습니다.

파파로티(윤종찬 감독, 2013)

주인공 장호는 주먹과 노래 두 가지 재능을 타고났으나 막막한 가정 환경으로 인해 주먹 세계에 뛰어듭니다. 비록 현실은 '파파로티' 이름 하나 제대로 모르는 건달이지만 성악가가 되고픈 꿈은 잊은 적이 없습니다. 한때 잘나가던 성악가였지만 지금은 촌구석 예술고 등학교의 까칠한 음악 선생인 상진에게 청천벽력 같은 미션이 떨어집니다. 천부적 노래 실력을 지녔으나 일찍이 주먹 세계에 입문한 건달 장호를 가르쳐 콩쿠르에서 입상하라는 것입니다. 상진은 스승으로서 제자의 재능을 알아보고 꿈을 이룰 수 있도록 열정적으로 안내하고 장호도 그에 부흥하여 최선을 다합니다.

◆ **생각 발견하기**

1. '시간' 하면 무엇이 떠오르는지 마인드맵으로 표현해 보세요.
2. 자신이 좋아하는 친구와 함께했던 추억을 적어 보세요.
3. 주변의 친구들이 많이 하는 고민을 적어 보세요.

◆ **내용 이해하기**

1. 여러분이 생각하는 온조의 모습을 적어 보세요.
2. 기억에 남는 등장인물의 행동을 적어 보세요.
3. 아빠가 교통사고를 당한 이유를 적어 보세요.
4. 강토가 할아버지와 아버지의 화해를 위해서 한 행동이 있습니다. 이로 인해 강토 할아버지가 법적 소송을 취하하게 됩니다. 그 행동을 적어 보세요.

5. 이 작품에서 가장 인상적인 구절을 찾아 적어 보세요.

◆ **책의 내용으로 토의·토론하기**

1. 우리에게 시간이 왜 소중한지 토의해 보세요.

2. 온조는 교통사고로 인해 아빠와 함께 온 가족이 행복했던 시간을 잃어버렸습니다. 그 후 온조가 아르바이트를 해야 할 정도로 가정 형편이 어려워집니다. 여러분이라면 어떻게 행동할 것인지 토의해 보세요.

3. 여러분에게도 시간이 멈춰 버렸으면 하는 순간이 있었습니까? 그때가 언제이고 이유가 무엇인지 이야기를 나눠 보세요.

◆ **토론이 가능한 논제들**

1. 온조는 PMP 분실 사건 해결을 위해 어른들에게 의논을 했어야 한다.

2. 강토 할아버지가 강토 아버지에게 한 행동은 정당하다.

3. 강토 아버지의 행동은 강토 할아버지의 잘못된 교육 방식 때문이다.

4. 온조가 카페를 운영한 것은 학생 입장에서 부적절하다.

토론 개요서

팀명			팀원	
논제	온조는 시간을 파는 상점이라는 카페를 운영해도 된다.			
용어 정의	1) 온조 : 어려운 사람들을 보면 그냥 지나치지 않고 불의를 보면 힘껏 맞서는 의리의 고등학교 2학년 소녀. 2) 시간을 파는 상점 : 세 가지 의도를 가지고 온조가 오픈한 인터넷 카페. 먼저 사람들에게 도움이 되고 그 일을 함으로써 온조에게도 금전적인 도움이 되며 정신적 보람까지 주는 것. 3) 운영 : 조직을 움직이게 하고 경영하는 것.			

		찬성 측	반대 측
주장 1	주장	카페에 의뢰가 들어온 문제를 잘 해결했다.	카페를 운영하면 해결하기 힘든 문제점이 생긴다.
	근거	의뢰 들어온 사건에 지혜롭게 답을 찾아가며 문제를 잘 해결하였다. 온조는 사람과 시간의 소중함을 깨달아 가며 정성을 다해 의뢰가 들어온 문제를 해결해 간다.	PMP 분실 사건에 또 한 명의 친구가 그와 같은 죽음을 맞닥뜨릴까 봐 몸서리치면서 문제 해결을 위해 고군분투한다. 어른도 아닌 학생이 카페를 운영하면 힘든 문제점이 계속 나타날 것이다.
주장 2	주장	좋은 의도를 가지고 카페를 운영하고 있다.	학생의 본분인 공부에 방해가 된다.
	근거	몇 가지 기본 조항을 달고 그것을 잘 지킨다. 착하고 바른 마음씨를 가진 온조가 좋은 의도를 가지고 기본 조항에 맞춰 카페를 운영하는 것이므로 존중해 줘야 한다.	의뢰가 들어오는 사건은 대부분 정신적으로 신경을 많이 써야 하는 일이다. 공부는 시기가 중요한데 고등학교 2학년은 가장 열심히 공부에 집중해야 하는 시기다.
주장 3	주장	카페 운영은 합법적이다.	카페의 운영은 불법의 소지가 있다.
	근거	확실하게 기준을 정해 법 안에서 카페를 운영한다. 엄마의 조언을 적극 받아들여 그동안 받은 의뢰 비용을 되돌려 보내고 무보수로 시간을 파는 상점을 운영한다.	온조가 카페를 오픈한 의도 중에서 특히 금전적인 도움을 얻고자 한 의도는 자칫 위험할 수 있다. 불곰 선생님도 학생 신분으로는 문제될 부분이 있는 것 같다며 우려했다.

팀명		팀원			
논제	온조는 시간을 파는 상점이라는 카페를 운영해도 된다.				
도서	시간을 파는 상점		저자	김선영	

• 논의 배경

주인공 온조는 인터넷 카페에 '크로노스'라는 닉네임을 달고 '시간을 파는 상점'을 오픈한다. 온조의 아빠는 훌륭한 소방대원으로서 의협심이 있고 더불어 사는 삶을 실천하며 살았다. 그런데 어느 날 과속으로 달리는 차 때문에 젊은 나이에 세상을 떠나게 된다. 온조는 아빠의 못다 이룬 뜻을 이어받는다. 그래서 '시간을 파는 상점'의 주인이 되어 손님들의 의뢰를 받아 어려운 일을 대신해 주거나 여러 사건들을 해결하며 자신의 시간을 판다. 우리들의 삶에서 진정으로 중요한 시간은 언제인지 생각해 보고 '시간을 파는 상점'이라는 카페의 운영에 대해 생각해 보는 시간이 됐으면 한다.

• 용어 정의

1) 온조 : 어려운 사람들을 보면 그냥 지나치지 않고 불의를 보면 힘껏 맞서는 의리의 고등학교 2학년 소녀.

2) 시간을 파는 상점 : 세 가지 의도를 가지고 온조가 오픈한 인

172

터넷 카페. 먼저 사람들에게 도움이 되고 그 일을 함으로써 온조에 게도 금전적인 도움이 되며 정신적 보람까지 주는 것.

3) 운영 : 조직을 움직이게 하고 경영하는 것.

주장 1. 카페에 의뢰가 들어온 문제를 잘 해결했다.

의뢰 들어온 사건 중에서 위태로운 상황도 있었지만 온조는 지혜 롭게 답을 찾아가며 문제를 잘 해결하였다. PMP 도난 사건에 대한 의뢰, 자신의 할아버지와 맛있게 식사를 해 달라는 의뢰, 시간을 잡 아 두고픈 간절함으로 천국의 우편배달부가 되어 달라는 의뢰, 자 신의 친구가 되어 달라는 의뢰 등 계속 이어지는 의뢰를 잘 해결한 다. 작품 속 지문처럼 "시간은 '지금'을 어디로 데려갈지 모르지만 분명한 것은 시간은 지금의 이 순간을 또 다른 어딘가로 안내해 준 다"는 것이다. "스스로가 그 시간을 놓지 않는다면 절망의 시간을 우리는 희망을 속삭이는 시간으로 만들 수 있다"는 것이다. 이렇게 온조는 사람과 시간의 소중함을 깨달아 가며 정성을 다해 의뢰가 들어온 문제를 잘 해결했다.

주장 2. 좋은 의도를 가지고 카페를 운영하고 있다.

온조는 어느 날 "시간은 돈이 될 수 있으니 시간을 팔면 어떻게 되는 것일까?" 하는 생각이 들었다. 어느 한곳에 매여 시급을 받는 것보다 일도 마음대로 고를 수 있고 시급도 올려 받을 수 있으며 무엇보다 세상의 다양한 모습을 볼 수 있겠다는 생각이 들었다. 누군가의 지시에 따라 움직이는 것보다 스스로 판단하고 운영하는 오너가 되는 것도 매력적이라며 '시간을 파는 상점'인 카페를 좋은 의도를 가지고 개설한다. 카페를 개설하며 몇 가지 기본 조항을 달았다. 자신의 능력 이상은 거절할 것, 옳지 않은 일은 절대 접수하지 말 것, 의뢰인에게 마음이든 뭐든 조금의 위로라도 줄 수 있는 일을 선택할 것, 무엇보다 시간이 돈이 될 수 있다는 것을 확실히 보여줄 것이라는 기본 조항을 잘 지킨다. 엄마는 온조를 보며 어려운 사람을 보면 그냥 지나치지 못하는 성격이 아빠를 많이 닮았다고 했다. 온조는 어릴 때부터 불의를 보면 맞서는 의협심이 강한 여고생이다. 이렇게 착하고 바른 마음씨를 가진 온조가 좋은 의도를 가지고 기본 조항에 맞춰 카페를 운영하는 것이므로 존중해 줘야 한다.

주장 3. 카페 운영은 합법적이다.

온조가 시간을 파는 상점 카페를 오픈한 의도는 사람들에게 도움이 되고 그 일을 함으로써 자신에게도 금전적인 도움은 물론 정신적 보람까지 얻고자 한 것이다. "이 세 가지가 온전히 성립되지 않는다면 저는 절대 행동하지 않을 겁니다."라며 확실하게 기준을 정해 법 안에서 카페를 운영한다. 시간을 파는 상점은 처음 온조가 만든 작은 울타리를 넘어 나중에는 훨씬 많은 것을 품게 된다. 온조 개인의 상점이 아닌 모두의 상점이 되어 운영 방법도 수정한다. "엄마는 돈이 개입되지 않으면 훨씬 더 좋은 경우가 있다고 했다."며 엄마의 조언을 적극 받아들여 그동안 받은 의뢰 비용을 되돌려 보내고 무보수로 카페를 운영한다. 이렇게 온조의 카페는 합법적으로 운영된다.

결론적으로 온조는 카페의 문제를 잘 해결했고 좋은 의도를 가지고 있으며 합법적으로 카페를 운영하고 있다. 따라서 온조가 시간을 파는 상점이라는 카페를 운영하는 것에 찬성한다.

- -
반대 측 입론서
- -

팀명		팀원		
논제	온조는 시간을 파는 상점이라는 카페를 운영해도 된다.			
도서	시간을 파는 상점	저자	김선영	

• 논의 배경

온조는 평범한 고등학교 2학년으로 정신력은 강하지만 체력은 보통인 여학생이다. 어릴 때 아빠가 교통사고로 돌아가셔서 엄마와 둘이서 씩씩하게 살아가고 있다. 훌륭한 소방대원이었던 아빠의 뜻을 이어받고 싶은 온조는 '시간을 파는 상점'이라는 인터넷 카페를 열고 '크로노스'라는 닉네임으로 자신의 시간을 판다. 손님들의 의뢰를 받아 어려운 일을 대신해 주거나 여러 사건들을 해결한다. 우리의 삶에서 가장 중요한 시간은 언제인지 생각해 보고 학생의 신분으로 카페를 운영하는 온조의 행동이 바람직한지 생각해 보자.

• 용어 정의

1) 온조 : 어려운 사람들을 보면 그냥 지나치지 않고 불의와 맞서는 의리의 여고생.

2) 시간을 파는 상점 : 세 가지 의도를 가지고 온조가 오픈한 인터넷 카페. 먼저 사람들에게 도움이 되고 그 일을 함으로써 온조에게도 금전적인 도움이 되고 정신적 보람까지 주는 것.

3) 운영 : 조직을 움직이게 하고 경영하는 것.

주장 1. 카페를 운영하면 해결하기 힘든 문제점이 생긴다.

카페를 운영하기 시작해 첫 번째 의뢰가 들어온다. 닉네임은 '네곁에'이며 온조의 옆 반에서 일어난 PMP 분실 사건으로 훔친 물건을 제자리에 놓아 달라는 부탁이다. 작년 온조네 학교에서는 MP3 도난으로 한 아이가 학교 옥상에서 떨어져 죽은 사건이 있었다. MP3 도난이 바로 들통이 나자 선생님은 내일 보자고 하였고, 그 말은 어떠한 협박보다도 더한 폭력이 되었다. 결국 그 시간을 견디지 못한 아이는 죽음을 선택했다. MP3를 잃어버린 아이는 바로 전학을 갔고, 학교도 가족도 모두 이 사건을 덮어 버렸다. 온조는 또다시 일어난 도난 사건에 또 한 명의 친구가 그와 같은 죽음을 맞닥뜨릴까 봐 몸서리치면서 문제 해결을 위해 고군분투한다. "이 자식이 새벽에 나한테 문자를 보냈어. 죽으러 간다고. 아침 해가 떠오를 때 죽겠다고, 그래야 덜 무서울 것 같다고. 그 문자를 지금 본 거야."라는 부분을 보면 등장인물들이 얼마나 당황하고 무서웠겠는가? 자칫 한 생명을 잃을 뻔했다. 어른도 아닌 학생이 시간을 사고파는 카페를 운영하면 이러한 힘든 문제점이 계속 나타날 것이다.

주장 2. 학생의 본분인 공부에 방해가 된다.

온조는 고등학교 2학년 학생이다. 한창 입시 준비를 해야 하는 시기다. 그런데 인터넷 카페인 시간을 파는 상점을 오픈해서 '크로노스'라는 닉네임을 달고 활동하고 있다. 물론 의뢰가 들어온 일 중에는 보람도 있고 쉬운 일도 있다. 하지만 대부분 정신적으로 신경을 써야 하는 일들이 많다. 그러다 보면 스트레스도 많이 받고 그 문제를 해결하기 위해 바쁘게 뛰어다녀야 할 것이다. 결국 시간을 많이 빼앗기고 학생의 본분인 공부에 큰 방해가 될 것이다. 공부는 시기가 중요하다. 가장 열심히 공부에 집중해야 하는 시기에 이렇게 시간을 많이 빼앗기는 다른 일을 한다는 것을 엄마가 아신다면 크게 걱정하실 것이다.

주장 3. 카페의 운영은 불법의 소지가 있다.

온조가 시간을 파는 상점을 오픈한 의도 중에 금전적인 도움을 얻고자 한 것이 있다. 이 의도는 자칫 위험할 수 있다. 온조는 아직은 미성년자고 고등학생 신분이다. 눈에 보이는 확실한 물건을 파는 것이 아니라 눈에 보이지 않는 시간을 가지고 돈을 받겠다고 한 것은 훗날 논란거리가 될 수도 있다. 나중에 온조가 엄마의 조언을 받아들여 무보수로 카페를 운영하겠다고 했지만 카페를 계속 운영하고 의뢰 받은 일을 해결하기 위해서는 경비가 필요하다. 그리고 시간을 파는 상점에는 온조의 얼굴과 신상이 자세히 공개되어 있어 불법적인 범죄에 악용될 위험도 있다. 불곰 선생님도 학생 신분으로는 문제될 부분이 있는 것 같고 나쁜 일에 악용될 소지도 있다며 학교에서 알면 그냥 두지 않을 것이라고 우려한다. 이것은 교칙에 어긋나는 부분이 있기 때문이다. 학생으로서 눈에 보이지 않는 시간을 가지고 카페를 운영해야 하기 때문에 법적인 문제가 생길 수밖에 없다. 여러 논란거리와 교칙 그리고 법적인 문제 등 카페 운영은 불법의 소지가 있을 수밖에 없다.

결론적으로 카페를 운영하면 힘든 문제점이 생기고 공부에 방해가 되며 불법의 소지가 있다. 따라서 온조가 시간을 파는 상점이라는 카페를 운영하는 것에 반대한다.

『홍길동전』

수록 교과서

교학(남미영)4, 금성(박경신)5, 두산(이삼형)1, 두산(전경원)1,
미래엔(윤여탁)2, 비상(한철우)2, 신사고(민현식)1, 신사고(우한용)3,
창비(이도영)6, 천재(김종철)5, 천재(박영목)2

◆ 작가 만나기

허균은 1569년 서울 명문가의 막내아들로 태어났습니다. 그는 학문
적 재능이 뛰어나고 천성이 자유분방했는데, 사회에서 소외를 받는
사람들에게 관심이 많아 서자와 친하게 지냈습니다. 그러다 적서차
별이라는 사회 제도에 불합리함을 느껴 서자를 차별하는 풍토를 비
판하는 상소를 올리기도 했습니다. 허균은 조선 중세 문학에서 최초
로 농민의 반봉건 투쟁을 반영한 사회 소설을 쓴 진보적 작가이며,
『홍길동전』에는 그런 그의 사상이 그대로 드러나 있습니다.

조선 세종 때 좌의정 홍문의 서자로 태어난 홍길동은 어려서부터 비범한 능력을 지녔으나 서자라는 신분으로 뜻을 펼치지 못합니다. 홍 판서가 홍길동을 예뻐하자 이를 시기한 곡산댁에 암살될 위기에 처하지만 이를 잘 모면하고 집을 떠납니다. 도적들의 우두머리가 된 그는 무리의 이름을 '활빈당'이라 정합니다. 이후 홍길동은 부도 덕한 탐관오리들을 벌주어 전국을 어지럽힙니다. 이에 조정은 홍길 동을 잡으려고 하지만 그의 신기한 재주로 인해 잡지 못합니다. 자 신이 잡히지 않으면 가족에게 큰 해를 끼칠 것을 염려한 홍길동은 조정에 찾아가 병조 판서와 벼 일천 석을 주면 스스로 조선을 떠나 겠다고 약속합니다. 조선을 떠난 홍길동은 율도국으로 건너가 태평 성대를 이룩한 나라인 안남국을 세웁니다. 이 작품은 목표를 가지 지는 것과 올바른 수단을 선택하는 것의 중요함을 일러 줍니다.

◆ 다른 작품과 함께 보기

전우치전

도적의 무리를 벌하거나 임금을 속여 황금 들보를 얻어내고 그것 으로 쌀을 사서 가난한 백성에게 나눠주는 등 뛰어나고 재미난 도 술을 부리는 장면이 흥미진진하게 펼쳐집니다. 당시 조선은 임진왜 란, 정묘호란으로 나라가 혼란스럽고 민중의 살림살이가 아주 어려 웠습니다. 삶이 힘들었던 백성들은 도술을 통해 못된 무리를 벌하고 새로운 힘을 얻고자 하는 바람이 무척 간절했습니다.

군도(윤종빈 감독, 2014)

양반과 탐관오리들의 착취가 극에 달했던 조선 철종 13년, 잦은 자연재해와 기근, 관의 횡포까지 겹쳐 백성들의 삶이 날로 피폐해지고 있었습니다. 이때 나주 대부호의 서자로 조선 고위 무관 출신인 조윤은 극악한 수법으로 양민들을 수탈해서 삼남 지방 최고의 대부호로 성장합니다. 백성이 주인인 새 세상을 향해 의적 떼인 군도 도치를 필두로 백성의 적인 조윤과 한판 승부를 시작합니다.

◆ 생각 발견하기

1. '홍길동' 하면 떠오르는 단어를 적어 보세요.
2. 부당한 차별을 당하는 상황에서 저항할 것인지, 체념할 것인지 생각해 보세요.
3. 조선의 3대 의적은 누구인지 적어 보세요.

◆ 내용 이해하기

1. 이 소설의 시대적 배경은 언제인가요?
2. 소설에서 홍길동이 겪는 갈등의 근본적인 원인은 무엇인가요?
3. 홍길동이 집을 나가게 된 이유는 무엇인가요?
4. 조정에서 홍길동을 잡아들이라고 한 이유는 무엇인가요?

5. 홍길동이 벼슬을 받은 이후 조선을 떠나 율도국으로 간 이유는 무엇인가요?

6. 허균이 『홍길동전』을 지은 때는 조선의 제15대 왕인 광해군이 재위한 시기입니다. 작품을 쓴 허균의 의도는 무엇인가요?

◆ 책의 내용으로 토의·토론하기

1. 아버지인 홍 판서가 호부호형을 허락하였으나 이를 무릅쓰고 집을 나간 후 도적의 소굴에 들어가 활빈당을 조직한 홍길동의 행동에 대해 토의해 보세요.

2. 홍길동이 탐관오리의 재물을 빼앗아 백성들을 도와준 행동이 옳은지 토론해 보세요.

3. 신분이 낮으면 능력이 뛰어나도 관직에 등용되지 못하는 당시의 신분 제도에 대해 토의해 보세요.

◆ 토론이 가능한 논제들

1. 홍길동에게 병조 판서 관직을 내린 임금의 행동은 바람직하다.

2. 홍길동은 의적이다.

3. 홍길동이 율도국으로 떠난 것은 잘한 일이다.

토론 개요서

팀명		팀원	

논제	홍길동의 도적질은 정당하다.
용어 정의	1) 홍길동 : 양반인 홍 판서의 서자로 의적 활빈당의 우두머리. 2) 도적질 : 남의 물건을 훔치거나 빼앗는 짓.

		찬성 측	반대 측
주장 1	주장	어려운 백성을 도왔다.	사회 질서를 혼란스럽게 만들었다.
	근거	홍길동은 벼슬아치로 인해 가난하게 살아가는 백성들을 도와주기로 마음먹는다. 이후 그는 활빈당을 조직하여 탐관오리를 벌하며 양반들이 백성을 괴롭히며 빼앗은 재물을 가난하고 의지할 데 없는 백성에게 되돌려 준다.	홍길동이 팔도를 누비며 각 고을 창고를 비우자 고을의 수령들과 창고지기의 근심이 깊어지고 민심이 소란해져 사회 질서가 혼란해진다. 홍길동이 빼앗은 재물들은 각 읍 수령이 불의로 모은 재물이었지만 그 재물을 훔쳐간 것은 정당한 방법이 아니다.
주장 2	주장	부정부패가 심한 탐관오리의 물건만 훔쳤다.	도적질은 어떠한 이유에서든 정당화될 수 없다.
	근거	홍길동이 훔친 물건들은 본래 백성들의 것이었으나 탐관오리들이 정당하지 못한 방법으로 빼앗아 온 재물이다. 홍길동은 탐관오리의 부정부패가 극에 달해 백성들이 고통스러워하는 것을 알고 탐관오리를 벌주기 위해 물건을 훔친 것이다.	홍길동이 백성들을 돕기 위해 도적질을 한 것이 사실이라고 하더라도 다른 사람이 소유하고 있는 재물을 훔쳐간 것은 범죄에 해당한다. 홍길동의 도적질은 엄연한 범죄 행위이므로 가난한 백성들을 도와주었다고 하더라도 정당화될 수 없다.
주장 3	주장	백성을 도울 수 있는 가장 빠른 방법이었다.	도적질을 하여 가족들에게 피해를 주었다.
	근거	홍길동은 당시 사회에 대해 강한 개선의 의지를 가지고 있었으나 서자의 신분으로 아무리 능력이 뛰어나도 관직에 오를 수 없었다. 당시에 존재한 엄격한 신분 제도를 뛰어 넘을 수 없었던 그는 활빈당을 조직하여 굶주리는 백성들을 빠른 방법으로 도운 것이다.	왕은 조선 팔도에 영을 내려 홍길동을 잡으라 명한다. 그러나 홍길동이 잡히지 않자 왕은 홍 판서와 홍인형에게 홍길동을 잡아 오지 않으면 큰 벌을 내릴 것이라 협박한다. 왕은 홍길동의 아버지라는 이유로 홍 판서의 모든 벼슬을 거두고 늙고 병든 홍 판서를 옥에 가둔다.

찬성 측 입론서

팀명		팀원			
논제	홍길동의 도적질은 정당하다.				
도서	홍길동전		저자	허균	

• 논의 배경

그 당시에는 탐관오리의 부정부패가 극에 달해 많은 백성이 굶주렸다. 홍길동은 이러한 현실에 대해 강한 개선 의지를 가지고 있었으나 서자의 신분이었기 때문에 아무리 능력이 뛰어나도 관직에 오를 수 없었다. 그렇기 때문에 홍길동은 활빈당을 조직하여 부도덕한 탐관오리들의 재물을 빼앗아 궁핍하게 살아가는 백성들을 도와준다. 이처럼 홍길동이 도적질을 한 것은 가난한 백성을 돕기 위해서였다. 물론 홍길동이 도적질을 한 것은 잘못이지만 도적질의 목적은 정당했다. 정당한 목적을 이루기 위해 사용한 수단이 정당화될 수 있는지 논의해 보고자 한다.

• 용어 정의

1) 홍길동 : 양반인 홍 판서의 서자로 의적 활빈당의 우두머리.
2) 도적질 : 남의 물건을 훔치거나 빼앗는 짓.

주장 1. 어려운 백성을 도왔다.

해인사에서 빼앗아 온 재물을 본 홍길동은 "백성은 헐벗고 굶주리는데 절간에 웬 비단이며 은전이 이리도 많단 말인가!"라며 탄식한다. 가난하고 고달픈 삶을 살아가는 백성들을 불쌍히 여긴 홍길동은 그들을 도와주기로 마음먹는다. 홍길동은 활빈당을 조직하여 조선 팔도를 다니며 백성을 괴롭히는 벼슬아치나 양반들을 다스리고, 양반들이 빼앗은 재물은 가난한 백성에게 되돌려준다. 감사가 이 사실을 알게 되면 활빈당을 잡으려 할 것인데 잡히지 않을 경우에 무고한 백성들이 받을 피해를 걱정한 홍길동은 자신이 범인임을 알리는 방을 붙이도록 한다. 이처럼 홍길동은 백성들을 괴롭히는 탐관오리를 벌주고 재물을 나누어 주어 어려운 백성을 도왔으며 자신의 행동으로 인해 백성들이 피해를 받지 않도록 노력했다.

주장 2. 부정부패가 심한 탐관오리의 물건만 훔쳤다.

홍길동은 활빈당에 "함경 감사가 탐관오리로 백성을 기름 짜듯 괴롭히고 재물을 빼앗아 모두가 견디기 힘들어 한다. 우리가 나서 백성을 돕자."고 말하며 "창고를 뒤져 곡식과 병기를 다 가져오되 백성의 재물은 털끝 하나 건드리지 말라."고 한다. 홍길동이 훔친 물건들은 본래 백성들의 것이었으나 어질지 못한 탐관오리들이 정당하지 못한 방법으로 빼앗아 온 것이다. 홍길동은 탐관오리의 부정부패가 극에 달해 백성들이 고통스러워하는 것을 알았기 때문에 그들의 물건을 훔쳐 탐관오리들을 벌준 것이다. 홍길동은 조정에 "백성을 괴롭히고 제 배만 불리는 탐욕스런 벼슬아치가 있어 신이 먼저 벌한 다음 이를 전하께 알리옵니다."라는 장계를 올린다.

주장 3. 백성을 도울 수 있는 가장 빠른 방법이었다.

작품의 시대적 배경인 조선시대에는 신분에 따른 차별이 심했다. 또한 탐관오리의 부정부패가 극에 달해 많은 백성이 굶주렸다. 관리로서 백성을 어질게 다스려야 함에도 불구하고 자신의 사리사욕을 채우기 위해 횡포를 부리는 탐관오리들이 많아 백성들은 많은 고통을 받았다. 홍길동은 이러한 사회에 대해 강한 개선 의지를 가지고 있었다. 그러나 그는 양반과 첩 사이에서 태어난 서자의 신분이었기 때문에 관직에 오를 수 없었다. 뜻이 있음에도 불구하고 적서차별로 인해 사회를 개혁할 수 있는 위치에 올라갈 수 없었던 것이다. 만약 홍길동이 관직에 나갔다면 사회 제도를 개편하여 굶주리는 백성을 도울 수 있었을 것이다. 그러나 엄격한 신분 제도를 뛰어넘을 수 없었기 때문에 활빈당을 조직하여 굶주리는 백성들을 빠른 방법으로 도운 것이다.

결론적으로 홍길동은 어려운 백성들을 도왔으며 부정부패가 심한 탐관오리의 물건만 훔쳤고 이것이 백성들을 도울 수 있는 가장 빠른 방법이었다. 따라서 홍길동의 도적질은 정당하다.

반대 측 입론서

팀명			팀원			
논제	홍길동의 도적질은 정당하다.					
도서	홍길동전			저자	허균	

• 논의 배경

홍 판서의 사랑을 받는 홍길동은 어려서부터 능력이 비범했다. 이에 서자의 신분이지만 그를 질투하던 곡산댁으로 인해 죽을 고비에 처하기도 했다. 이후 그는 집을 나와 도적들의 우두머리가 되어 활빈당을 조직한다. 그리고 팔도의 부도덕한 탐관오리들이 정당하지 못한 방법으로 모은 재물을 빼앗아 가난한 백성을 돕는다. 그러나 그는 백성들을 도울 때 도적질이라는 정당하지 못한 방법을 사용했다. 이러한 홍길동을 통해 목적을 이루는 데에 있어서 수단의 정당성이 얼마나 중요한 것인지 논의해 보고자 한다.

• 용어 정의

1) 홍길동 : 양반인 홍 판서의 서자로 의적 활빈당의 우두머리.

2) 도적질 : 남의 물건을 훔치거나 빼앗는 짓. (찬성 측과 동일하다.)

주장 1. 사회 질서를 혼란스럽게 만들었다.

홍길동은 활빈당의 우두머리가 되어 팔도를 누비며 각 고을 창고를 비우고 수령들이 한양에 바치는 봉물을 빼앗았다. 이로 인해 고을의 수령들과 창고지기는 밤에 잠도 자지 못할 만큼 근심하고 민심이 소란해지는 등 사회 질서가 혼란해졌다. 비록 홍길동이 빼앗은 재물들은 각 읍의 수령이 불의로 모은 것이었지만 수령의 눈을 피해 몰래 훔쳐간 것은 분명히 정당한 방법이 아니다. 당시의 사회가 부조리한 것은 어느 정도 인정하지만 그렇다고 해서 나라로부터 관직을 허용 받지 못한 홍길동과 같은 백성들이 직접 나서 재물을 훔친다면 그 사회의 질서는 파괴될 것이다. 탐관오리가 정당하지 않은 방법으로 백성들의 돈과 곡식을 빼앗았다고 해서 홍길동 또한 부정당한 방법으로 탐관오리의 재물을 빼앗는 것은 옳지 않으며 사회 질서를 어지럽히는 것이다.

주장 2. 도적질은 어떠한 이유에서든 정당화될 수 없다.

벼슬아치의 재물을 빼앗은 죄로 임금에게 붙잡혀 간 홍길동은 "선량한 백성의 것은 터럭 하나 건드리지 않았고 백성들의 물건을 부정당하게 착취하는 탐관오리들의 재물만 거두어 가난한 백성들에게 돌려주었다."고 말한다. 하지만 홍길동이 굶주리는 백성들을 돕기 위해 도적질을 한 것이 사실이라고 하더라도 다른 사람이 소유하고 있는 재물을 허가 없이 훔쳐간 것은 범죄에 해당한다. 그러므로 그의 행위가 정당화될 수는 없다. 그리고 탐관오리의 물건만 훔쳤다는 홍길동의 주장은 자신의 도적질을 정당화하기 위한 변명이다. 탐관오리의 기준도 객관적이기보다는 홍길동 개인의 주관적 판단일 수 있다.

주장 3. 도적질을 하여 가족들에게 피해를 주었다.

홍길동이 집을 나간 이후 도적이 되어 팔도에서 소란을 피운다는 소식을 들은 홍 판서는 감히 조정에도 알리지 못하고 차마 모르는 체하기도 어려워 혼자 끙끙 앓다 병이 든다. 홍길동의 도적질로 나라가 소란해지자 왕은 홍 판서를 의금부에 가두고 배다른 형인 홍인형을 잡아들여 몸소 문초를 한다. 이후 조선 팔도에 홍길동을 잡으라는 영을 내리고 홍길동의 아버지와 형에게 홍길동을 잡아 오지 않으면 큰 벌을 내릴 것이라 협박한다. 왕은 홍 판서가 홍길동의 아버지라는 이유로 홍 판서의 모든 벼슬을 거두고 늙고 병든 그를 옥에 가둔다.

결론적으로 홍길동은 사회 질서를 혼란스럽게 만들었으며 어떠한 이유에서든 정당화될 수 없는 도적질을 하여 가족들에게 피해를 주었다. 따라서 홍길동의 도적질은 정당하지 않다.

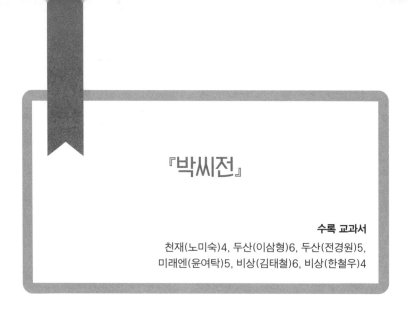

『박씨전』

수록 교과서
천재(노미숙)4, 두산(이삼형)6, 두산(전경원)5,
미래엔(윤여탁)5, 비상(김태철)6, 비상(한철우)4

◆ 작가 만나기

작자 미상의 작품입니다.

◆ 작품 살펴보기

조선시대의 고전 소설입니다. 이 작품은 크게 전반부의 가정 내의
갈등과 후반부의 사회적 갈등으로 나눌 수 있습니다. 전반부에서
는 박씨가 추한 용모 때문에 생기는 시련을 인내와 지혜로 극복하
고, 후반부에서는 무력한 남성들과 정면으로 대결해서 승리하며 자
신의 탁월한 능력으로 적장에게 복수합니다. 이처럼 박씨는 지혜를
갖추고 있으며 도술을 부릴 수 있는 인물로 영웅적인 활약상을 펼

침니다. 역사상의 실제의 사건인 병자호란과 실제 인물인 이시백을 등장시켜 현실감을 주었고, 유능한 여성 박씨의 변신과 도술을 통하여 무능한 위정자들과 남성들을 은근히 비판하고 있습니다. 남존 여비 사상이 가장 심했던 조선시대에 여성의 지위 향상에 기여한 작품입니다.

◆ 다른 작품과 함께 보기

내 이름은 삐삐 롱스타킹(아스트리드 린드그렌 지음, 시공주니어, 2011)

삐삐는 전 세계 어린이들의 친구입니다. 그 유명한 빨강머리의 말괄량이 삐삐는 꼭꼭 땋아 양쪽으로 쫙 뻗친 머리와 얼굴 가득한 주근깨, 그리고 짝짝이로 신은 긴 양말이 특징입니다. 엄마는 천사고 아빠는 식인종의 왕이고 뒤죽박죽 별장에서 혼자 사는 삐삐는 하루하루가 즐겁고 신납니다. 삐삐의 좌충우돌 사건을 삽화와 함께 들려주는 동화입니다.

잔 다르크(뤽 베송 감독, 2000)

1420년 영국과 프랑스가 체결한 트루아 조약에 따라 프랑스 샤를 6세가 서거하자 아직 갓난아기였던 영국인 헨리 6세가 프랑스의 왕위를 차지하게 됩니다. 황태자 샤를 7세가 프랑스를 내주려 하지 않자 유럽의 가장 처절했던 전쟁이라 일컫는 백년 전쟁이 시작됩니다. 프랑스는 영토의 반을 잃고 왕권마저 강탈당합니다. 샤를 7세는 이에 굴복하지 않고 대관식을 거행하려 하나 실패합니다. 한줄기의 희망도 기대할 수 없는 역사상 가장 암울했던 이 시기, 프랑스를 구원할 수 있는 것은 오직 기적뿐이었습니다. 그러나 로렌의 작은 마을에는 프랑스의 빛, 신의 선물 잔 다르크가 있었습니다.

◆ **생각 발견하기**

1. '외모' 하면 무엇이 떠오르는지 마인드맵으로 표현해 보세요.
2. 부리고 싶은 도술과 이유를 적어 보세요.
3. 지금까지 살면서 무시를 당했던 경험을 이야기해 보세요.

◆ **내용 이해하기**

1. 여러분이 생각하는 박씨의 모습을 적어 보세요.
2. 기억에 남는 등장인물과 그의 특징을 적어 보세요.
3. 박씨가 허물을 벗기 전 주변 사람들로부터 갖은 구박을 당했습니다. 그때의 심정을 적어 보세요.
4. 조선시대는 남녀 차별이 심했던 시기입니다. 하지만 이 작품에서는 신선의 딸인 박씨와 몸종 계화, 청나라 황후 마씨, 여가객 기룡대 등 여성들이 많이 등장합니다. 그 이유를 적어 보세요.
5. 이 작품의 시대적 배경인 병자호란은 패배한 전쟁입니다. 하지만 이 작품에서는 다르게 묘사합니다. 그 이유를 적어 보세요.

◆ **책의 내용으로 토의·토론하기**

1. 박씨부인은 남편과 시어머니가 구박을 해도 아내로서 며느리로 서 도리를 다합니다. 여러분이라면 어떻게 할 것인지 토의해 보 세요.

2. 조선시대를 살았던 여성으로서 박씨의 행동과 현대를 사는 여성 의 행동은 분명히 큰 차이가 있을 것입니다. 어떤 차이가 있을지 토의해 보세요.

3. 박씨부인이 허물을 벗기 전과 허물을 벗고 미인이 되었을 때 남 편을 비롯한 주위 사람들의 태도가 돌변합니다. 여러분이 박씨부 인이라면 어떻게 행동할 것인지 토의해 보세요.

◆ **토론이 가능한 논제들**

1. 박씨의 달라진 외모에 남편의 태도가 변한 것은 당연하다.

2. 여성을 능력이 아니라 외모로 판단하는 남성들은 비판받아야 한다.

3. 박씨는 자신의 결혼 생활의 부당함을 적극적으로 항변해야 한다.

토론 개요서

팀명		팀원	
논제	외모보다 내면이 더 중요하다.		

용어 정의	1) 외모 : 겉으로 드러나 보이는 모양으로 사람의 얼굴이나 몸매. 2) 내면 : 밖으로 드러나지 아니하는 사람의 속마음으로 정신적이고 심리적인 부분. 3) 아름다움 : 보이는 대상이 균형과 조화를 이루어 눈과 귀에 즐거움과 만족을 주거나 하는 일이나 마음씨가 훌륭하고 착한 것.

		찬성 측	반대 측
주장 1	주장	내면의 아름다움은 변하지 않는다.	외모의 만족은 자신감을 높인다.
	근거	아무리 외모가 아름다운 사람이라도 세월이 지나면 늙고 병든다. 박씨의 마음씨가 세월이 가도 변하지 않았기에 주위 사람들의 사랑과 존경을 한 몸에 받은 것이다.	박씨도 처음에는 자신의 의견도 제대로 주장하기 힘든 상황이었지만 외모가 예뻐지며 자신감을 얻고 자신이 하고 싶은 말을 당당하게 한다. 사람은 누구나 타인에게 인정받고 싶어 하고 더 나은 평가를 받고 싶어 한다.
주장 2	주장	내면에 진정한 마음이 들어 있다.	외모는 겉으로 드러나서 알아보기가 쉽다.
	근거	세상에는 내면의 진정한 아름다움을 알아보는 지혜로운 사람들이 있다. 진정한 아름다움은 내면에서부터 시작되고 진실한 인간관계도 진정한 마음으로 완성된다.	외모는 겉으로 드러나기 때문에 사람들은 먼저 겉모습을 보고 판단을 한다. 외모는 겉으로 드러나서 속이기가 어렵지만 내면은 눈으로 볼 수가 없기 때문에 속이기가 쉽다.
주장 3	주장	삶의 지혜와 용기는 내면에서 나온다.	외모가 아름다우면 사회적 대우가 달라진다.
	근거	박씨는 지혜와 용기로 어려운 일들을 현명하게 해결한다. 내면의 힘인 지혜와 용기를 발휘해서 가정과 나라를 구했다.	박씨가 허물을 벗기 전에는 아무리 재주가 좋아도 시아버지를 제외한 주위 사람들의 무시와 구박이 계속되었다. 허물을 벗고 미인이 되고 나자 주위 사람들의 태도가 완전히 바뀐다.

팀명			팀원			
논제	외모보다 내면이 더 중요하다.					
도서	박씨전			저자	미상	

• 논의 배경

시대에 따라 겉으로 드러나는 아름다움의 기준은 바뀔 수 있다. 하지만 세월이 가도 진정 변하지 않는 아름다움이 있다. 박씨전은 남녀차별이 심했던 조선시대를 배경으로 여성이 주인공으로 등장하는 한글 소설이다. 주인공인 박씨는 어려운 환경을 지혜롭게 극복하였으며 앞날을 내다보는 능력과 신비한 도술을 가진 여인이다. 이런 신비한 능력을 이용해서 영웅적인 활약상을 보이며 청나라에 통쾌하게 복수한다. 인간의 아름다움과 사람들을 대할 때 진정으로 중요한 것은 무엇인지 생각해 보는 시간이 됐으면 한다.

• 용어 정의

1) 외모 : 겉으로 드러나 보이는 모양으로 사람의 얼굴이나 몸매.

2) 내면 : 밖으로 드러나지 아니하는 사람의 속마음으로 정신적이고 심리적인 부분.

3) 아름다움 : 보이는 대상이 균형과 조화를 이루어 눈과 귀에 즐

거움과 만족을 주거나 하는 일이나 마음씨가 훌륭하고 착한 것.

주장 1. 내면의 아름다움은 변하지 않는다.

내면은 시간이 지나도 변하지 않는 아름다움을 가지고 있다. 하지만 아무리 외모가 아름다운 사람이라도 세월이 지나면 늙고 병든다. 만약 박씨가 허물을 벗고 빼어난 미인이 되었다고 자만하여 주위 사람들을 함부로 대했다면 결코 좋은 결말이 생기지 않았을 것이다. 박씨의 앞날을 내다보는 지혜로움, 부모를 생각하는 효심, 주위 사람들에게 베푸는 넓은 아량, 적들에게 맞서는 용기 등은 세월이 가더라도 변하지 않았다. 내면의 아름다움으로 주위 사람들의 사랑과 존경을 한 몸에 받은 것이다. 내면에서 깊게 우러나오는 아름다움은 세월이 가도 변하지 않기 때문에 내면이 더 중요하다.

주장 2. 내면에 진정한 마음이 들어 있다.

박씨의 겉모습이 아닌 속마음을 알아본 시아버지는 변함없이 며느리를 아끼고 사랑해 준다. 박씨의 몸종인 계화도 옆에서 박씨를 지켜보다가 존경하게 되고 구박받는 박씨를 안타깝게 여기며 지성으로 섬긴다. 이렇게 세상에는 내면의 진정한 아름다움을 알아보는 지혜로운 사람들이 있다. 시아버지는 여자의 도는 어질고 현명한 덕이 제일이라고 하며 외모만 따지는 시백을 나무라기도 한다. 그리고 박씨의 아버지인 박 처사는 결혼해서 시집에 가는 딸에게 공부를 열심히 하라고 당부하며 어떠한 어려움이 있더라도 참아내면 훗날 반드시 귀하게 인정받을 날이 올 것이라고 말한다. 박씨는 열심히 학문을 배우고 무술 훈련도 꾸준히 하고 정성을 다해 기도를 하면서 하루하루 성실히 살아간다. 그리하여 3년간의 수련을 마치고 아름다운 내면과 어울리는 원래의 외모를 되찾게 된다. 진정한 아름다움은 내면에서부터 시작되고 진실한 인간관계도 진정한 마음이 중요하다.

주장 3. 삶의 지혜와 용기는 내면에서 나온다.

박씨는 지혜와 용기로 현명하게 어려운 일들을 해결한다. 하룻밤에 시아버지의 조복을 짓기도 하고, 볼품없는 말을 삼백 냥에 사서 천리마로 잘 키운 뒤 중국 사신에게 삼만 냥에 팔아 100배의 이익을 남기고 집안을 부자로 만들었다. 시백이 과거를 보기 전에 박씨는 꿈에서 본 연적을 시백에게 주어 장원 급제를 하게 했다. 또한 박씨는 피화당을 지어 그곳에 살면서 여러 나무를 심어 놓고 미래를 준비하였다. 그리고 청나라 왕이 병자호란을 일으키기 전에 조선의 인재인 이시백과 임경업 장군을 미리 해치려 자객을 보내지만 박씨의 지혜로 이들을 보호하였다. 이렇게 박씨는 여인의 몸이지만 내면의 힘인 지혜와 용기를 발휘해서 가정과 나라를 구했다.

'빛 좋은 개살구'라는 말처럼 겉모습인 외모는 좋지만 내면은 그렇지 않은 사람도 있다. 그래서 외모만을 보고 사람을 판단하면 실수를 많이 하게 된다. 우리는 겉모습보다는 속마음을 아는 지혜로운 사람이 되도록 해야 할 것이다.

결론적으로 내면의 아름다움은 변하지 않고 내면에 진정한 마음이 들어 있으며 삶의 용기와 지혜도 내면에서 나온다. 따라서 외모보다 내면이 더 중요하다.

반대 측 입론서

팀명		팀원			
논제	외모보다 내면이 더 중요하다.				
도서	박씨전		저자	미상	

• 논의 배경

박씨는 전생의 업보로 흉한 허물을 쓰고 태어났지만 지혜로운 여인으로 앞날을 내다보는 능력과 신비한 도술까지 가졌다. 이런 신비한 능력을 이용해서 집안을 일으키고 사랑도 찾고 나라를 구하는 큰일도 해낸다. 아름다움을 추구하는 것은 인간의 본능이다. 한 달밖에 안 된 어린아이도 아름다움을 알아본다고 한다. 평범한 얼굴이 쳐다볼 때는 바로 고개를 돌리지만 아름다운 얼굴은 한참을 바라본다는 연구 내용이 있을 정도로 아름다움은 영향력이 크다. 인간의 아름다움에 대해, 특히 현대 사회에서 사람의 외모와 내면이 갖는 의미에 대해 생각하는 시간을 가져 보자.

• **용어 정의**

1) 외모 : 겉으로 드러나 보이는 모양으로 사람의 얼굴이나 몸매.

2) 내면 : 밖으로 드러나지 아니하는 사람의 속마음으로 정신적이고 심리적인 부분.

3) 아름다움 : 보이는 대상이 균형과 조화를 이루어 눈과 귀에 즐거움과 만족을 주거나 하는 일이나 마음씨가 훌륭하고 착한 것. (찬성 측과 동일하다.)

주장 1. 외모의 만족은 자신감을 높인다.

박씨는 못생긴 외모 때문에 억울한 일을 당해도 말을 할 수가 없었다. 처음에는 자신의 의견도 제대로 주장하기 힘든 상황이었지만 외모가 예뻐지며 자신감을 얻고 자신이 하고 싶은 말을 이렇게 당당하게 한다. "서방님께서는 겉으로 보이는 외모만 중요하게 생각하여 못생긴 저를 사람 취급도 하지 않았습니다. 이는 부모님께 불효를 저지른 것이며 부부 사이의 법도도 모르고 아내의 마음조차 헤아리지 못하는 사람으로 어찌 나라와 백성을 편안하게 다스릴 수 있겠습니까?" 그리하여 남편에게 정중한 사과도 받아낸다.

대부분의 사람들은 다른 사람에게 인정받기를 좋아하고 더 나은 평가를 받고 싶어 한다. 그래서 좋은 이미지를 갖기 위해서 꾸준히 외모를 가꾸기도 하고 옷차림에 신경을 쓰기도 한다. 이렇게 외모의 만족은 자신감을 높이는 효과가 있다.

주장 2. 외모는 겉으로 드러나서 알아보기가 쉽다.

사람들은 눈에 보이는 겉모습을 보고 먼저 판단을 하는 경향이 있다. 시백과 시어머니는 박씨의 뛰어난 능력은 이용하면서 겉으로 드러나는 못생긴 얼굴 때문에 박씨를 구박한다. 만약 박씨가 처음부터 예뻤다면 그렇게까지 구박을 하지 않았을 것이다. 나중에 박씨가 허물을 벗고 예쁜 모습으로 변했을 때부터 잘해주고 사랑하게 된다.

외모는 겉으로 드러나서 속이기가 어렵지만 내면은 눈으로 볼 수가 없기 때문에 속이기가 쉽다. 그러므로 겉으로 드러나지 않는 사람의 내면을 알기 위해서는 오랜 시간의 소통이 있어야 한다. 하지만 사람들은 보통 다른 사람들과 오랫동안 소통할 기회를 가지지 못한다. 그래서 겉으로 드러나는 외모를 보고 자연스럽게 먼저 판단을 내린다.

주장 3. 외모가 아름다우면 사회적 대우가 달라진다.

박씨의 남편인 시백은 첫날밤 박씨의 외모를 보고 실망하여 더 이상 눈길도 마주치지 않으려 한다. 박씨가 허물을 벗기 전에는 아무리 재주가 좋아도 시아버지와 몸종 계화를 제외한 주위 사람들의 무시와 구박이 계속되었다. 하인들마저 박씨를 업신여겨 박씨가 부르면 못 들은 척 딴전을 피우기도 했다. 나중에 허물을 벗고 미인이 되고 나자 주위 사람들의 태도가 완전히 바뀐다. 남편 이시백도 아름다운 외모에 반해 부인을 깊이 사랑하게 되고 그동안의 잘못을 정중히 사과한다. 시어머니를 비롯한 집안 사람들도 예쁜 외모로 바뀐 다음에서야 사랑을 준다. 이렇게 외모에 따라 사회적 대우가 달라진다.

결론적으로 외모의 만족은 자신감을 높이고 외모는 알아보기가 쉬우며 아름다우면 사회적 대우가 달라진다. 따라서 내면보다 외모가 더 중요하다.

『완득이』

수록 교과서

미래엔(윤여탁)5, 신사고(우한용)5, 창비(이도영)3

◆ 작가 만나기

1971년 서울에서 태어난 김려령 작가는 서울예술대학에서 문예창
작과를 졸업하였고 문학동네어린이문학상, 마해송문학상, 창비청
소년문학상을 받았습니다. 제1회 창비청소년문학상을 수상한 첫
소설 『완득이』는 청소년뿐만 아니라 성인 독자에게도 큰 사랑을 받
아 연극으로 각색되었으며 동명의 영화로도 제작되었습니다. 대표
작품에는 『가시고백』, 『우아한 거짓말』, 『탄탄동 사거리 만복전파
사』, 『샹들리에』 등이 있습니다. 『우아한 거짓말』은 '2012 IBBY(국
제아동청소년도서협의회) 어너 리스트'로 선정되었으며 동명의 영화
로도 제작되었습니다.

◆ 작품 살펴보기

주인공 완득이는 집안 형편이 가난하며 공부는 못하지만 싸움만큼
은 누구에게도 지지 않는 열일곱 소년입니다. 완득이는 아버지 그리
고 가짜 삼촌 남민구와 함께 옥탑방에서 살아갑니다. 완득이의 아버
지는 가난한 형편으로 인해 지하철에서 외판원을 합니다. 이러한 상
황에도 기죽지 않던 완득이의 인생은 괴짜 선생 똥주로 인해 꼬이
기 시작합니다. 똥주는 자신 마음대로 완득이를 수급 대상자로 만들
고 수급품을 빼앗아 가는 것으로도 모자라 얼굴도 모른 채 잊고 살
았던 어머니를 찾아 완득이와 만나게 합니다. 완득이는 킥복싱을 배
우며 목표도 세우고 모범생 정윤하와 친해지며 첫사랑의 감정을 느
끼게 됩니다. 완득이의 아버지도 담임 똥주의 도움으로 삼촌과 함께
댄스 교습소를 열어 생활의 활력을 되찾습니다.

◆ 다른 작품과 함께 보기

까칠한 재석이가 사라졌다(고정욱 지음, 애플북스, 2014)

부모의 이혼과 경제적 어려움, 자아 정체성의 혼란, 학교 내 폭력,
이성 교제 등 우리 청소년들이 겪는 다양한 문제를 아우르는 작품
입니다. 주인공 재석이는 자신보다 어렵고 힘든 사람들이 열심히
노력하는 모습을 보면서 조금씩 변화하고 끈기와 의지를 배워 나가
며 성장합니다.

죽은 시인의 사회(피터 위어 감독, 1989)

입시 위주의 교육에 젖어 학생들의 인성을 파괴하고 진정한 교육의 방향을 찾지 못하는 현대 교육의 모순을 잘 지적하고 있습니다. 영화 속 아이들은 자신들의 꿈과 미래에 대한 고민도 잊은 채 획일화되고 출세만을 고집하는 교육을 강압적으로 받습니다. 앞날을 스스로 설계하고 그 방향대로 나아가는 일이야말로 세상 그 어떤 것보다 소중하다고 가르치는 존 키팅 선생님을 통해 진정한 교육의 방향은 무엇인지 같이 고민해 봅시다.

◆ **생각 발견하기**

1. '다문화 가정' 하면 떠오르는 단어나 낱말을 적어 보세요.

2. 완득이의 꿈은 킥복싱 선수가 되는 것입니다. 여러분의 꿈과 그 이유를 적어 보세요.

3. 내가 원하는 꿈과 부모님이 원하는 꿈이 다를 때 어떻게 부모님을 설득해야 할까요?

◆ **내용 이해하기**

1. 작가는 작품 속에서 우리 사회의 다양한 문제점에 대해 이야기하고 있습니다. 어떤 문제점인지 적어 보세요.

2. 완득이는 꿈을 통해 삶의 목표를 찾게 되고 타인의 마음도 받아들이게 됩니다. 완득이가 원하는 꿈과 아버지가 원하는 꿈은 각

각 무엇인가요?

3. 어머니에 대한 완득이의 애틋한 마음을 알 수 있는 단어를 찾아
써 보세요.

4. 완득이의 아버지와 어머니가 헤어지게 된 이유는 무엇인가요?

5. 동주 선생님은 베트남 출신의 완득이 어머니를 어떻게 찾을 수
있었나요?

◆ **책의 내용으로 토의·토론하기**

1. 완득이의 부모는 부부간의 갈등을 극복하지 못하고 어머니가 가
출합니다. 가족 간에 갈등이 생겼을 때 어떤 노력이 필요할까요?

2. 동주 선생님은 부자인 자신의 아버지가 노동자를 탄압한다는 이
유로 아버지를 경찰에 고발합니다. 이런 동주 선생님의 태도는
과연 옳은 것인지 토론해 보세요.

3. 다문화 가정이 점점 늘어나고 있습니다. 다문화 가정에서 발생할
수 있는 문제와 해결 방안에 대해 토의해 보세요.

◆ **토론이 가능한 논제들**

1. 동주 선생님은 교사로서 자질이 있다.

2. 이성 교제에 대해 간섭하는 윤하 어머니의 행동은 옳다.

3. 불법 체류자의 자녀에 대한 의무 교육을 중지해야 한다.

토론 개요서

팀명		팀원	
논제	동주 선생님의 교육 방식은 옳다.		
용어 정의	1) 동주 선생님 : 완득이의 담임 선생님으로 말은 거칠지만 마음은 따듯함. 2) 교육 방식 : 지식과 기술 따위를 가르치며 인격을 길러주는 일정한 방법.		

		찬성 측	반대 측
주장 1	주장	학생의 꿈을 지지해 주는 선생님이다.	학생들에게 모범이 되지 못했다.
	근거	입시를 중요시하는 사회적 통념으로 인해 대부분의 선생님들은 지식 교육에 편향된 교육을 하지만 똥주는 완득이가 킥복싱을 배울 수 있도록 야자를 빼고 아르바이트를 알선해 주는 등 완득이가 꿈을 실현할 수 있도록 도와준다.	똥주는 반 아이들 앞에서 완득이에게 수급품을 가져가라는 말을 하여 창피를 주고 기초 수급자인 완득이의 수급품을 제 것처럼 뺏어 먹는다. 또한 선생님으로서 언행을 조심하고 학생에게 본이 되어야 함에도 불구하고 폭언을 서슴지 않는다.
주장 2	주장	완득이에게 인생을 사는 법을 가르쳐 준다.	담임 선생님으로서 책임감이 부족하다.
	근거	똥주는 "아무 일도 하지 않으면서 방 안에 틀어박혀 사는 것이 부끄러운 것이지, 무슨 일이든 열심히 하며 사는 것이 부끄러운 것이 아님"을 가르친다. 이처럼 그는 학생들에게 인생을 살아가는 데에 있어 중요한 것이 무엇인지를 가르치는 선생님이다.	담임 선생님은 자신이 맡은 학생들의 인성 교육과 지식 교육에 신경을 써야 한다. 그러나 똥주 선생은 학교 홈페이지에 수업 시간에 딴소리나 하고 야자도 잘 챙기지 않는다는 글이 올라오는 등 교사로서의 역할을 충실히 하지 않는다.
주장 3	주장	학생에게 문제가 생길 경우 적극적으로 도움을 준다.	완득이의 사생활을 폭로하여 상처를 주었다.
	근거	똥주는 완득이가 경찰서에 가게 되었을 때 변호를 자처하며 도와주었다. 또한 똥주는 자신이 다니는 교회의 외국인 노동자 쉼터를 통해 완득이의 어머니를 찾아 준다. 이러한 도움 이후 완득이는 똥주에 대한 인식이나 평가가 긍정적으로 바뀐다.	똥주는 반 친구들이 있는 자리에서 "니 아버지하고 지하철에서 마사지용 채칼이나 팔까?"라며 사춘기를 보내고 있을 완득이에게 상처가 되는 막말을 한다. 이 말을 들은 누군가가 쿡 소리를 내며 웃자 완득이는 남의 비밀을 폭로한다며 자존심이 상한다.

팀명		팀원			
논제	동주 선생님의 교육 방식은 옳다.				
도서	완득이		저자	김려령	

• 논의 배경

완득이는 척추 장애를 가진 키 작은 아버지와 피는 섞이지 않았지만 한 가족이 되어 버린 민구 삼촌과 함께 산다. 친한 친구 하나 없이 학교를 다니던 완득이는 일명 '똥주'라고 불리는 담임 선생님 동주와 이웃으로 살게 된다. 동주 선생님은 반 친구들에게 아무렇지도 않게 완득이의 집안 사정을 이야기하고 완득이가 받는 수급품 역시 자기 것이라도 되듯 뺏어 먹는다. 완득이는 이런 동주 선생님을 미워한다. 그러나 동주 선생님이 관심을 갖고 위로와 격려를 해 주고 어려움을 극복할 수 있도록 도와주자 그에 대한 완득이의 생각이 긍정적으로 바뀐다. 이러한 동주 선생님을 통해 학생들을 위한 참된 교육이 무엇인지 되새겨 보고자 한다.

• 용어 정의

1) 동주 선생님 : 완득이의 담임 선생님으로 말은 거칠지만 마음은 따뜻함.

2) 교육 방식 : 지식과 기술 따위를 가르치며 인격을 길러주는 일정한 방법.

주장 1. 학생의 꿈을 지지해 주는 선생님이다.

완득이의 아버지는 완득이가 대학교에 들어가서 소설가가 되기를 바란다. 그러나 완득이는 소설가에는 관심이 없고 킥복싱 선수가 되고 싶어 한다. 동주 선생님은 킥복싱을 좋아하여 학원까지 다니게 된 완득이에게 아주 탁월한 선택을 했다며 야자를 빼 준다. 그리고 킥복싱을 배우는 것을 반대하는 아버지에게 학원비를 달라고 할 수 없는 완득이를 위해 숯불갈빗집 아르바이트를 알선해 준다. 우리나라의 교실에서 공부에는 관심이 없고 싸움을 잘하는 완득이는 문제아라고 불린다. 일류대학을 졸업해야 인정을 해 주는 사회적 인식이 있기 때문이다. 이로 인해 대부분의 선생님들은 자신의 교육관보다는 입시 위주의 교육에 집중한다. 하지만 동주 선생님은 싸움을 잘하고 킥복싱을 좋아하는 완득이의 개성과 잠재력을 발견하여 완득이가 꿈을 실현할 수 있도록 도와준다. 이런 교육 방식이야말로 바람직한 교육 방식이라고 말할 수 있다.

주장 2. 완득이에게 인생을 사는 법을 가르쳐 준다.

동주 선생님은 집안 사정이 어려운 완득이를 수급 대상자로 선정하여 학비를 감면받게 하고 급식도 공짜로 먹을 수 있도록 해 주었다. 동주 선생님은 수급품을 받는 것을 부끄러워하는 완득이에게 "가난이 부끄러운 것이 아니라 가난을 부끄러워하는 것이 정말 부끄러운 것이다."라고 가르친다. 그리고 동주 선생님은 반 아이들에게 완득이의 아버지가 지하철에서 마사지용 채칼을 팔러 다니는 것을 떠벌린다. 이런 말은 완득이의 자존심을 건드리는 일이 될 수 있지만 이는 "아무 일도 하지 않으면서 방 안에 틀어박혀 사는 것이 부끄러운 것이지, 무슨 일이든 열심히 하며 사는 것이 부끄러운 것이 아님"을 가르치기 위함이다. 동주 선생님은 학생들에게 인생을 살아가는 데에 있어 지식보다 중요한 것이 무엇인지를 가르치는 것을 중요하게 여긴다. 그는 완득이가 세상 밖으로 나와 당당하게 살기를 바라는 인생의 멘토이자 따뜻한 선생님이다.

주장 3. 학생에게 문제가 생길 경우 적극적으로 도움을 준다.

앞집 아저씨와의 갈등으로 경찰서에 가게 되었을 때 동주 선생님은 완득이와 완득이 아버지의 변호를 자처한다. 자신의 아버지를 욕하는 앞집 아저씨에게 폭력을 행사한 완득이를 도와주기 위해 경찰에게 선처를 바란다는 말을 전하는 모습에서 학생에게 도움을 주기 위해 적극적인 노력을 보인다는 것을 알 수 있다. 동주 선생님은 자신이 다니는 교회의 외국인 노동자 쉼터를 통해 완득이의 어머니를 찾았다며 완득이에게 어머니가 보고 싶어 한다는 말을 전한다. 그러나 완득이는 자신의 기억에는 존재하지 않는 어머니이기에 당황스러워한다. 동주 선생님은 어머니의 존재를 알게 되었지만 찾아 뵐 용기가 나지 않는 완득이에게 심부름을 빌미로 어머니와 만나게 한다. 이후 완득이는 어머니와 식사도 하고 장을 보러 가는 등 자주 만나게 되며 모성애를 느낀다. 이러한 동주 선생님의 도움 이후 "좀 떨해서 그렇지 똥주가 썩 나쁜 사람 같지는 않다."며 동주 선생님에 대한 완득이의 인식이 바뀐다.

결론적으로 동주 선생님은 학생의 꿈을 지지해 주고 완득이에게 인생을 사는 방법을 가르쳐 주며 학생에게 문제가 생길 경우 적극적으로 도움을 주는 선생님이다. 따라서 동주 선생님의 교육 방식은 옳다.

반대 측 입론서

팀명			팀원			
논제	동주 선생님의 교육 방식은 옳다.					
도서	완득이			저자	김려령	

• 논의 배경

학교에서 정한 빈민 수급 대상인 완득이는 일명 '똥주'라고 불리는 담임 선생님 동주와 이웃으로 살게 된다. 동주 선생님은 입담이 아주 걸쭉하며 기초 수급자인 완득이의 수급품을 자기 것인 양 뺏어 먹을 정도로 철면피다. 게다가 반 친구들 앞에서 완득이의 집안 사정을 마음대로 이야기한다. 완득이는 이런 동주 선생님을 미워한다. 또한 동주 선생님은 진로를 위해 열심히 공부하는 학생들에게 절망감을 주는 말을 서슴지 않는다. 이러한 동주 선생님의 교육 방식이 학생들을 위한 참된 교육인지 논의해 보고자 한다.

• 용어 정의

1) 동주 선생님 : 완득이의 담임 선생님으로 말은 거칠지만 마음은 따듯함.

2) 교육 방식 : 지식과 기술 따위를 가르치며 인격을 길러주는 일정한 방법. (찬성 측과 동일하다.)

주장 1. 학생들에게 모범이 되지 못했다.

완득이의 담임 선생님인 똥주는 완득이에게 "신체 조건, 욱하는 성질, 주변 환경, 어디 하나 조폭으로서 모자람이 없다. 낫 놓고 기역 자는 몰라도 낫으로 지를 줄은 아는 천부적인 쌈군이 될 것이다."라며 폭언을 한다. 그리고 반 아이들 앞에서 완득이에게 수급품을 가져가라는 말을 하여 창피를 주는 것으로도 모자라 기초 수급자인 완득이의 수급품을 제 것처럼 뺏어 먹는다. 또한 완득이의 옆

집에 살고 있는 똥주는 걸핏하면 완득이의 이름을 크게 불러서 조용히 해 달라는 이웃과 싸운다. 이러한 똥주의 모습은 완득이에게 본이 되지 못한다. 선생님으로서 언행을 조심하고 학생에게 본이 되어야 하는 것은 당연하다. 게다가 똥주는 어머니의 문제로 괴로워하는 완득이를 찾아가 소주를 주며 마시게 하고 학생들에게 막말을 서슴지 않는 등 비교육적인 행동을 일삼는다.

주장 2. 담임 선생님으로서 책임감이 부족하다.

수업 시간에 매일 딴소리나 하고 야자도 잘 챙기지 않는다는 글이 학교 홈페이지에 올라온 적이 있을 만큼 똥주 선생은 학교에서 교사로서의 역할을 충실히 하지 않는다. 게다가 학교 밖에서의 일로 인해 유치장에 갇혀 일주일이나 학교에 출근하지 않아 학생들의 학습권을 침해한다. 담임 선생님은 자신이 맡은 학생들의 인성 교육과 지식 교육에 신경을 써야 하지만 똥주 선생은 그 역할을 성실히 수행하지 않는다. 그리고 공부를 하고 있는 학생들에게 "하이고 새끼들, 공부하는 거 봐라. 공부하지 말라니까? 어차피 세상은 특별한 놈 두어 명이 끌고 가는 거야. 고 두어 명 빼고 나머지는 그저 인구수 채우는 기능밖에 없어. 니들은 벌써 그 기능 다 했고."라는 말을 한다. 이처럼 똥주는 진로를 위해 열심히 공부하고 노력하는 학생들에게 절망감과 사회적 박탈감을 주는 말을 서슴지 않는다.

주장 3. 완득이의 사생활을 폭로하여 상처를 주었다.

똥주는 완득이에게 "앞 반에 어떤 놈이 쪽팔리다고 수급품 안 가져간 모양이야. 너나 가져가라."며 가난하게 살아가는 완득이의 가정사를 반 친구들에게 폭로한다. 이에 완득이는 "수급품. 내 체면을 생각해서 조금 조용히 줄 수 없을까"라는 생각을 한다. 이를 통해 완득이는 수급품 보급 대상자라는 자신의 처지를 알리고 싶어 하지 않는다는 것을 알 수 있다. 그러나 이후에도 똥주는 사춘기 시절을 보내고 있을 완득이에게 상처가 되는 막말을 한다. 반 친구들이 있는 자리에서 "야자 튀지 말랬잖아, 새끼야. 니 아버지하고 지하철에서 마사지용 채칼이나 팔까?"라는 말을 한다. 이 말을 들은 누군가가 쿡 소리를 내며 웃자 완득이는 남의 비밀을 폭로한다며 자존심이 상한다. 게다가 똥주의 말을 들은 혁주가 빈정대자 완득이는 혁주와 싸움까지 벌인다. 이는 완득이가 자신의 사생활을 노출하는 똥주로 인해 상처를 받았음을 알 수 있다.

결론적으로 동주 선생님은 학생들에게 모범이 되지 못했고 담임 선생님으로서 책임감이 부족했으며 완득이의 사생활을 폭로하여 완득이에게 상처를 주었다. 따라서 동주 선생님의 교육 방식은 옳지 않다.

「소음 공해」

수록 교과서

천재(박영목)6, 천재(김종철)2, 두산(이삼형)3, 두산(전경원)5,
비상(이관규)2, 신사고(민현식)3, 신사고(우한용)1, 지학(방민호)4

◆ 작가 만나기

오정희 작가는 1947년 서울에서 태어나 서라벌예술대학 문예창작
과를 졸업했습니다. 1968년 〈중앙일보〉 신춘문예에 『완구점 여인』
이 당선되면서 문단에 등단했습니다. 이상문학상을 시작으로 동인
문학상, 동서문학상, 오영수문학상 등을 수상하며 한국의 대표 작가
가 되었습니다. 2003년 독일에서 번역 출간된 『새』로 한국인 최초
리베라투르상을 수상했습니다. 작가는 섬세한 내면의 정서를 묘사
하면서 인간의 존재론적 불안과 고뇌를 예리하게 포착합니다. 특히
여성의 심리적 갈등을 묘사하는데 탁월하다는 평가를 받고 있습니
다. 작품으로는 『불의 강』, 『유년의 뜰』, 『바람의 넋』 등이 있습니다.

◆ 작품 살펴보기

1993년에 지어진 콩트로 단편 소설보다도 짧은 소설입니다. 주인 공인 '나'는 자원봉사자로 활동하며 가족에게 최선을 다하는 가정 주부입니다. 봉사활동을 마치고 클래식을 들으며 꿈과 희망을 가 졌던 젊은 시절을 회상하는데 위층에서 드르륵거리는 소음이 들려 '나'의 기분을 상하게 합니다. 며칠 전부터 들린 소음 때문에 경비원 을 통해 간접적으로 항의를 했지만 위층의 소음은 계속됩니다. 다 시 한 번 항의를 하지만 위층 여자는 주의하고 있으니 염려 말라며 신경질적인 반응을 보입니다. 이런 상황일수록 부드럽게 처신해야 한다며 '나'는 발소리를 죽이라는 메시지를 담은 슬리퍼를 선물로 주기 위해 위층에 올라갑니다. 벨을 누르고 십 분이 지나서야 문이 열리는데 위층 여자에게 슬리퍼를 내밀려고 하는 순간 여자가 휠체 어에 앉아 있는 것을 발견합니다.

◆ 다른 작품과 함께 보기

돼지꿈(오정희 지음, 랜덤하우스코리아, 2008)

여러 대중 매체에 발표했던 스물다섯 편의 짧은 소설들을 모은 책 입니다. 작가의 작품들은 섬세한 묘사와 맛깔스러운 문장으로 국어 의 미학적 지평을 넓혔다는 평가를 받고 있습니다. 소소한 일상을 소재로 하기 때문에 더욱 친근하게 다가오며, 누구든 기쁨과 슬픔 을 느끼고 흔들리는 마음은 비슷하다는 공감을 주고 있습니다. 주

인공들이 겪는 에피소드는 바로 우리의 이야기이며 삶의 소중한 순
간들을 포착하게 합니다.

7번방의 선물(이환경 감독, 2013)

최악의 흉악범들이 모인 교도소 7번방에 6살 지능의 딸바보 용구
가 들어옵니다. 용구는 지적 장애로 억울한 누명을 쓰고 감옥에 들
어오게 된 것입니다. 평생 죄만 짓고 살아온 7번방 패밀리들에게 떨
어진 미션은 바로 용구의 딸 예승이를 외부인은 절대 출입이 금지
된 교도소에 데려오는 것입니다. 유쾌한 웃음과 따스한 감동이 가
득한 사상 초유의 합동 작전이 펼쳐집니다.

◆ 생각 발견하기

1. '소음 공해' 하면 무엇이 떠오르는지 마인드맵으로 표현해 보세요.

2. 앞으로 하고 싶은 자원봉사를 적어 보세요.

3. 살면서 오해했던 경험을 이야기해 보세요.

◆ 내용 이해하기

1. 여러분이 생각하는 주인공 '나(아래층 여자)'의 모습을 적어 보
세요.

2. 다른 사람을 도와주었던 경험을 적어 보세요.

3. 아래층 여자가 슬리퍼를 선물하려고 한 이유는 무엇일까요?

4. 주인공은 장애인 시설에서 꾸준히 자원봉사를 합니다. 여러분이 알고 있는 장애인에 관한 문제를 적어 보세요.

5. 이 작품에서 가장 인상적인 구절을 적어 보세요.

◆ 책의 내용으로 토의 · 토론하기

1. 이웃 간에 소통이 왜 중요한지 토의해 보세요.

2. 만약 여러분이 아파트에서 살고 있는데 밤늦게 위층에서 계속 소음이 들린다면 어떻게 해결할 것인지 토의해 보세요.

3. 등장인물은 인터폰을 통해 의사소통을 합니다. 현대에는 스마트폰을 많이 사용합니다. 스마트폰으로 하는 것과 직접 얼굴을 보며 의사소통을 하는 것이 어떻게 다른지 토의해 보세요.

◆ 토론이 가능한 논제들

1. 아래층 여자가 슬리퍼를 가지고 간 행동은 옳다.

2. 아래층 여자가 소음에 항의한 것은 당연하다.

3. 공동 주택의 층간 소음 기준을 강화해야 한다.

4. 이웃과 소통하지 않은 나의 행동은 잘못이다.

토론 개요서

팀명		팀원	
논제		위층 여자는 아래층 여자에게 양해를 구해야 한다.	

용어
정의
		1) 양해 : 남의 사정을 잘 헤아려 너그러이 받아들임.
		2) 소음 공해 : 불규칙하게 뒤섞인 불쾌하고 시끄러운 소리로 입게 되는 여러 가지
		   피해.
		3) 장애인 : 신체의 일부에 장애가 있거나 정신적으로 결함이 있어서 일상생활이나
		   사회생활에 제약을 받는 사람.	

		찬성 측	반대 측
주장 1	주장	소음의 정도가 너무 심하다.	위층 여자의 사생활이다.
	근거	시도 때도 없이 들려오는 정체 모를 소음에 노이로제에 걸릴 지경이다. 아래층 아이들은 둘 다 입시를 준비하는 고등학생이며 소음 때문에 온 가족이 힘들어한다.	위층 여성의 장애는 그가 드러내고 싶지 않은 사생활이다. 아파트의 층간 소음을 방지할 수 있는 설계가 제대로 되어 있지 않기 때문이지 위층 여자의 잘못이 아니다.
주장 2	주장	이웃과의 분쟁을 미연에 방지할 수 있다.	위층 여자는 남을 배려할 마음의 여유가 없다.
	근거	아래층 여자는 장애인 시설에 가서 봉사활동을 꾸준히 할 만큼 배려심이 있고 정의로운 주민이다. '소음 공해'의 원인이 휠체어 소리라는 사실을 알았더라면 아래층 여자는 조용히 기다려 줄 수도 있었을 것이다.	위층 여자는 장애를 가지고 혼자 사는 여자로 남을 먼저 배려할 만큼 마음의 여유가 없다. 이웃 사람들이 여자의 장애를 긍정적으로 받아들인다는 확신도 없는 상태에서 움직이기 힘든 몸으로 이웃집에 양해를 구하게 하는 것은 가혹한 일이다.
주장 3	주장	위급한 경우에 도움을 받을 수 있다.	장애인에 대한 사회적 편견이 있다.
	근거	위급한 상황이 벌어졌을 때 도움이 필요한 상태라는 것을 누군가 아는 것은 중요하다. 위기의 상황에서 가장 절실히 도움이 필요한 사람이 우선적으로 실질적인 도움을 받을 수 있다.	우리 사회는 사회적 편견이 있어 아직도 장애인에 대해 좋지 않게 생각한다. 위층 여자도 살면서 사회적 편견에 시달리고 마음의 상처를 입은 적이 있었을 것이다.

팀명			팀원		
논제	위층 여자는 아래층 여자에게 양해를 구해야 한다.				
도서	소음 공해			저자	오정희

• 논의 배경

여러분은 이웃에 누가 사는지 알고 있는가? 요즘 현대인들은 대부분이 핵가족으로 구성되어 있고 이사도 자주 하며 바쁘게 생활하느라 옛날보다 이웃 간에 왕래가 적다. 그러다 보니 대부분의 사람들은 이웃집에 어떤 사람이 사는지 모르는 경우가 많다. 이 작품에서 아래층 여자는 이유를 알 수 없는 위층의 소음에 스트레스를 받고 경비원에게 수차례 항의를 한다. 그럼에도 위층의 소음은 계속되고 있는 상황이라 직접 찾아가게 된다. 이 작품을 통해 이웃 간의 소통과 장애인에 대한 편견에 대해 생각해 보는 시간이 됐으면 한다.

• 용어 정의

1) 양해 : 남의 사정을 잘 헤아려 너그러이 받아들임.

2) 소음 공해 : 불규칙하게 뒤섞인 불쾌하고 시끄러운 소리로 입게 되는 여러 가지 피해.

3) 장애인 : 신체의 일부에 장애가 있거나 정신적으로 결함이 있

어서 일상생활이나 사회생활에 제약을 받는 사람.

주장 1. 소음의 정도가 너무 심하다.

층간 소음이 발생하는 환경은 아파트, 즉 공동 주택이다. 개인으로서 안락하고 쾌적한 사생활을 보장받고 싶어 하지만 아파트는 서로가 일으키는 소음에서 자유로울 수 없다. 그래서 더욱 신경 쓰며 소음 공해가 발생되지 않도록 배려해야 할 것이다. 그런데 한 달 전부터 밤낮없이 드르륵거리며 시도 때도 없이 들려오는 위층의 정체 모를 소음에 주인공은 노이로제에 걸릴 지경이다. 아래층은 아이들이 둘 다 입시를 준비하는 고등학생이며 소음 때문에 온 가족이 힘들어한다. 위층에서 나는 소음은 그 정도가 너무 심해 아래층은 도저히 견디기가 힘들 정도다.

주장 2. 이웃과의 분쟁을 미연에 방지할 수 있다.

아래층 여자는 장애인 시설에 가서 봉사활동을 꾸준히 할 만큼 배려심이 있고 주위에서 발생하는 여러 민원에 앞장서 선의의 피해자들을 대변할 만큼 정의롭다. 또 교양도 있고 예절도 지키는 사람이다. 소음 문제를 해결하기 위해 처음에는 위층 스스로 주의하기를 바라며 참고 기다렸으며 그다음에는 경비원을 통해 간접적으로 요청하였다. 그렇게 했는데도 해결이 안돼서 위층 여자에게 직접 통화를 하고 주의해 줄 것을 요청한 것이다. 만일 소음 공해의 원인이 위층 여자의 휠체어 소리라는 사실을 알았더라면 이렇게 자주 인터폰으로 항의하지 않았을 것이다. 위층 여자의 상황을 안타까워하며 조용히 기다려 줄 수도 있었을 것이다. 소음의 원인을 정확히 안다면 이웃 간에 얼굴을 붉힐 이유가 없었을 것이고 오히려 위층 여자에게 더욱 관심을 갖고 배려를 했을 것이다.

주장 3. 위급한 경우에 도움을 받을 수 있다.

화재가 나거나 도둑이 드는 등 위급한 상황이 벌어졌을 때 도움이 필요한 상태라는 것을 누군가 아는 것과 모르는 것은 엄청난 차이가 있다. 맹자가 성선설을 주장한 것처럼 우리는 누구나 남을 돕고자 하는 선한 마음을 가지고 있다. 미리 이웃에게 양해를 구해 사정을 알린다면 위기의 상황에서 가장 절실하게 도움이 필요한 사람이 우선적으로 실질적인 도움을 받을 수 있도록 서로 양보하고 협조할 것이다. 이웃사촌이라는 말이 있듯이 이웃 간에 정으로 서로 도와가며 함께 살아가면 더욱 따뜻한 사회가 될 것이다.

결론적으로 소음의 정도가 너무 심하고, 미리 양해를 구했다면 이웃과의 분쟁을 미연에 방지할 수 있으며 위급한 경우 도움을 받을 수 있다. 따라서 위층 여자는 아래층 여자에게 양해를 구했어야 한다.

팀명		팀원			
논제	위층 여자는 아래층 여자에게 양해를 구해야 한다.				
도서	소음 공해			저자	오정희

• **논의 배경**

현대인은 개인의 생활을 중요시하고 시간에 쫓기며 바쁘게 살아간다. 그래서 이웃에 어떤 사람이 사는지 잘 알지 못하는 경우가 많다. 이 작품에는 꾸준히 자원봉사를 하고 있고 교양과 품위를 가진 평범한 가정주부가 등장한다. 하지만 가까이 사는 위층의 이웃에게는 무관심하다. 아래층 여자는 이유를 알 수 없는 위층의 소음 때문에 스트레스를 받아 결국 직접 찾아가게 된다. 이 시간을 통해 장애인에 대한 편견을 생각해 보고 이웃에게 관심을 가지면 좋겠다.

• **용어 정의**

1) 양해 : 남의 사정을 잘 헤아려 너그러이 받아들임.

2) 소음 공해 : 불규칙하게 뒤섞인 불쾌하고 시끄러운 소리로 입게 되는 여러 가지 피해.

3) 장애인 : 신체의 일부에 장애가 있거나 정신적으로 결함이 있어서 일상생활이나 사회생활에 제약을 받는 사람. (찬성 측과 동일하다.)

주장 1. 위층 여자의 사생활이다.

위층 여성의 장애는 숨기고 싶은 자신의 사생활이다. 우리나라 헌법은 국민의 자유권을 보장하고 자유권에는 사생활의 비밀과 자유의 불가침이 포함된다. 따라서 위층 여성은 자신의 장애를 사전에 알리지 않아도 된다. 지문에 "여보세요, 난 날아다니는 나비나 파리가 아니에요. 내 집에서 맘대로 움직이지도 못하나요? 해도 너무하시네요. 이틀 거리로 전화를 해대시니 저도 피가 마르는 것 같아요. 저더러 어쩌라는 거예요?"라는 부분이 있다. 위층 여자는 자신의 집에서 맘대로 움직일 자유가 있다. 휠체어 소리가 소음이 된 것은 아파트의 층간 소음을 방지하는 설계가 제대로 되어 있지 않기 때문이지 위층 여자의 잘못이 아니다.

주장 2. 위층 여자는 남을 배려할 마음의 여유가 없다.

위층 여자는 장애를 가지고 혼자 산다. 남을 먼저 배려할 만큼 마음의 여유가 없을 수 있다. 자기를 추스르기도 쉽지 않은데 걸을 수도 없는 장애 여성이 일일이 찾아가 자신의 장애를 알리는 것은 너무 가혹한 일이다. 특히 이웃 사람들이 여자의 장애를 알고 긍정적으로 받아들인다는 확신도 없는 상태다. 이렇게 육체적, 정신적으로 힘든 상황에서 일일이 이웃집을 찾아가 양해를 구한다는 것은 쉽지 않다. 커다란 잘못을 저지른 것도 아닌데 자신의 장애를 알리게 하는 것은 장애인 혼자 하기엔 너무나도 힘든 일이다.

주장 3. 장애인에 대한 사회적 편견이 있다.

우리 사회는 사회적 편견이 있어 아직도 장애인에 대해 좋지 않게 생각한다. 이 작품의 주인공도 위층 여자의 장애를 알았을 때 놀라고 미안해한 것을 보면 장애인에 대한 편견을 갖고 있다는 것을 알 수 있다. 장애인은 신체나 정신적으로 문제가 있어서 일상생활이나 사회생활에 어려움을 겪는 사람이다. 그렇기에 우리는 장애인을 무시하거나 비난할 것이 아니라 배려하고 인간으로서 평등하게 대해야 한다. 위층 여자는 뜻하지 않은 사고로 비록 몸은 불편하지만 정신적으로는 극히 정상이다. 이런 상황에서 자신의 장애를 많은 사람들에게 밝히게 한다는 것은 너무나도 가혹한 일이다.

결론적으로 위층 여자의 사생활이고 그녀는 남을 배려할 만큼 마음의 여유가 없으며 우리 사회에는 장애인에 대한 편견이 있다. 따라서 위층 여자는 아래층 여자에게 양해를 구하지 않아도 된다.

『사라, 버스를 타다』

1. 흑인: 버스 뒷자리. / 백인: 버스 앞자리.

2. 버스 앞자리가 얼마나 좋은 곳인지 알아보기 위해서이다.

3. 경찰관.

4. 흑인들과 몇몇 백인들은 옳지 않은 법에 저항하기 위해 버스를 타지 않고 걸어 다녔다.

5. '흑인은 버스 뒷자리에 앉아야 한다.'는 잘못된 법을 고치게 되었다.

6. 마틴 루터 킹. 미국의 흑인 인권 운동가이자 침례교 목사다. '몽고메리 버스 승차 거부 운동'을 비폭력적인 저항으로 이끌었으며 성공적인 결과를 얻었다. 1963년의 워싱턴 대행진에서 연설한 〈나에게는 꿈이 있습니다(I have a dream)〉는 인종 차별 철폐 운동에 큰 영향을 주었다. 이러한 활약으로 그는 1964년에 노벨 평화상을 수상했다. 그러나 1968년 멤피스에서 극우파 백인인 제임

스 얼 레이에게 암살당하였다.

『마당을 나온 암탉』

1. 잎싹은 알을 품어 병아리의 탄생을 보겠다는 소망을 품고 마당을 나온 암탉이다. 꿈, 자유, 사랑, 당당함, 용기, 모성애, 희생 정신을 가진 잎싹은 소망을 이루기 위해 삶의 주인으로서 당당하게 자신이 원하는 삶을 살다 간다.

2. 청둥오리 '나그네'. 자신의 알을 품은 잎싹을 위해 먹이를 갖다 주고 밤마다 소란을 피워 족제비를 막아 주었다. 알이 부화되기 직전에는 족제비의 먹이가 되어 자신의 새끼를 끝까지 보호한다.

3. 바람과 햇빛을 한껏 빨아들이고, 떨어진 뒤에는 썩어 거름이 되고 결국 향기로운 꽃을 피워내는 아카시아 잎사귀처럼 뭔가를 하고 싶어 '잎싹'이라는 이름을 스스로에게 지어 준다.

4. 알을 품어 병아리의 탄생을 보는 것과 하늘을 나는 것.

5. 잎싹은 퀭한 족제비 눈을 보면서 물컹하던 어린 것들을 떠올렸다. 부드럽게 느껴지던 살덩이. 왠지 그 살덩이가 잎싹이 마지막으로 낳았던 알처럼 느껴졌다. 단단한 껍데기도 없이 나와서 마당에 던져졌던 알. 너무나 가엾어서 가슴이 긁히듯이 아프던 기억. 또다시 온몸이 뻣뻣해지려고 했다. / 이제는 더 도망칠 수가 없었다. 그럴 까닭도 없고 기운도 없었다. "자, 나를 잡아먹어라. 그래서 네 아기들 배를 채워라." 잎싹은 눈을 감았습니다.

『어린 왕자』

1. 어린 왕자는 어린이처럼 순수한 마음을 가진 아름다운 소년이다. 자신이 살던 작은 별에 장미꽃 한 송이를 남겨둔 채 여러 별을 여행하다 지구에 오게 되어 비행기 조종사, 뱀, 여우와 친구가 되었다.

2. 친해지고 싶은 친구의 이름과 친해지고 싶은 이유를 쓰세요.
   예) 김연아, 자신이 좋아하는 일을 열심히 하는 사람이며 꿈을 이룬 비법을 알고 싶어서

3. 사계절 아름다운 꽃과 과일 나무가 많고 날씨가 따뜻한 별.

4. 첫 번째 별: 왕이 살고 있고 끝없이 남에게 군림하려고만 하는 어른. / 두 번째 별: 자기를 칭찬하는 말 이외에는 귀를 기울이지 않는 허영쟁이로 위선 속에 사는 어른. / 세 번째 별: 술을 마신다는 것이 부끄러워 그걸 잊기 위해 술을 마시는 술꾼으로 허무주의에 빠진 어른. / 네 번째 별: 우주의 5억 개의 별이 모두 자기 것이라고 되풀이하여 세고 있는 상인으로 물질 만능주의에 빠진 어른. / 다섯 번째 별: 1분마다 한 번씩 불을 켜고 끄는 점등인으로 남을 위해 유익한 일은 하고 있으나 기계 문명에 인간성을 상실한 현대인처럼 자기 일에 아무런 의미를 찾지 못하는 어른. / 여섯 번째 별: 자기 별도 여태 탐사해 보지 못한 지리학자로 이론 속에서만 사는 행동이 부족한 어른.

5. 가장 기억에 남거나 감동적인 부분을 찾아 적어 보세요.

『우리들의 일그러진 영웅』

1. 이승만 전 대통령 집권 말기인 1960년대로 자유당 말기다.

2. 공무원이었던 아버지께서 시골로 발령이 났기 때문이다.

3. 첫째, 서울의 명문 학교에서도 반에서 다섯 손가락 안에 들었다.
   둘째, 전국 어린이 미술 대회를 휩쓸었다. 셋째, 읍에서 몇 손가락
   안에 들 만큼 직급 높은 공무원인 아버지.

4. 5학년 담임 선생님의 무능과 방관, 반 아이들의 복종 때문이었다.

5. 엄석대는 자기 반 아이들을 마음대로 휘두르는 능력과 힘을 갖고
   있으므로 반 아이들 눈으로 보면 그는 영웅이라고 할 수 있다. 엄
   석대는 반장이라는 직책을 자신의 이익을 추구하는 등의 정당하
   지 못한 일에 사용했다. 아무리 능력이 뛰어나도 그 능력을 옳지
   못한 일에 사용하면 진정한 영웅이 아니기 때문에 일그러진 영웅
   이라고 부른 것이다.

『자전거 도둑』

1. 수남은 세 사람의 점원이 해야 할 일을 혼자서 해낼 만큼 부지런
   하고 성실해서 주위 사람들에게 칭찬을 많이 듣는다. 주인 영감
   이 나중에 공부를 시켜 준다는 말에 밤늦도록 공부도 하는 순진
   한 16살 소년이다. 자전거를 훔치듯 가져온 것을 후회하고 양심
   의 가책을 느끼는 도덕적인 아이다.

2. 길가에 세워 둔 자전거가 쓰러지면서 고급차를 들이받아 차에 상

처를 냈다. 그러자 차 주인이 오천 원을 가져와서 찾아가라고 자전거 바퀴에다 자물쇠를 채웠다.

3. 시골의 봄바람은 게으른 나무들에게, 잠든 뿌리들에게, 생경한 꽃망울들에게 신기한 마술을 베푼다. 시골의 바람 부는 날 풍경은 보리밭은 바람을 얼마나 우아하게 탈 줄 아는가, 큰 나무는 바람에 얼마나 안달 맞게 들까부는가, 큰 나무와 작은 나무가 함께 사는 숲은 바람에 얼마나 우렁차고 비통하게 포효하는가. / 서울의 바람은 흉흉하고 을씨년스럽다. 도시 바람의 의미는 간판이 날아가는 횡액, 한없이 날아오는 먼지, 쓰레기다.

4. "무슨 짓을 하든지 그저 도둑질을 하지 말아라, 알았쟈."

5. 수남이는 자기 편이 되어준 이 많은 사람들을 도저히 배반할 수 없었다. 이상한 용기가 솟았다. 수남이는 자전거를 마치 검부러기처럼 가볍게 옆구리에 끼고 질풍같이 달렸다. 정말이지 조금도 안 무거웠다. 타고 달릴 때보다 더 신나게 달렸다. 달리면서 마치 오래 참았던 오줌을 시원스레 내깔기는 듯한 쾌감까지 느꼈다.

「동백꽃」

1. 강원도 지방에서는 생강나무를 '동박나무' 혹은 '동백나무'라고 부른다. 생강나무는 이른 봄에 노란 꽃을 피운다. 따라서 이 작품의 동백꽃은 생강나무 꽃을 가리킨다.

2. '나'에게 관심이 있다는 것을 표현하기 위해서이다.

3. 점순이가 '나'에게 관심이 있다는 것을 표현하기 위해 감자를 건 넸는데 '나'가 그 감자를 거절했기 때문이다.
4. 소작인의 아들인 '나'의 행동에 의해 가족이 내쫓길 수 있기 때문 이다.
5. 그리고 뭣에 떠다 밀렸는지 나의 어깨를 짚은 채 그대로 퍽 쓰러 진다. 그 바람에 나의 몸뚱이도 겹쳐서 쓰러지며 한창 피어 퍼드 러진 노란 동백꽃 속으로 폭 파묻혀 버렸다.

「하늘은 맑건만」
1. 지전, 일 원짜리, 책보, 활동 사진, 수신 시간.
2. 문기: 수만의 꼬임에 넘어가 잘못 받은 거스름돈을 써 버리지만 양심의 가책을 느끼고 돈을 돌려주는 소심하지만 순수한 인물.
   수만: 문기를 꾀어 돈을 쓰게 만들고 문기가 고깃간에 돈을 돌려 주었다고 하자 문기를 협박하는 영악하며 대담한 성격의 인물.
3. 어머니는 일찍이 돌아가시고 아버지는 허풍이 있는 성격으로 집 안을 돌보지 않아 삼촌이 문기를 길러 왔다. 그런데 이렇게 고마 운 삼촌에게 거짓말을 하니 양심에 찔려서 미안함을 느낀 것이다.
4. 문기는 양심을 되찾기 위해 더 받은 거스름돈으로 산 공과 쌍안 경을 버리고 남은 돈도 고깃간에 던져 버린다. 또 숙모의 돈을 훔 친 뒤에는 너무 괴로운 나머지 자신의 잘못을 말하려고 선생님 집에도 찾아간다.

5. 하늘을 쳐다보기 두려운 이유: 문기는 자신이 저지른 잘못으로 인해 죄책감을 느끼고 불안해하며 두려워하고 있기 때문이다.
   하늘을 떳떳이 쳐다볼 수 있는 이유: 삼촌에게 모든 사실을 털어 놓고 불안한 마음과 죄책감에서 벗어났기 때문이다.

『시간을 파는 상점』

1. 온조는 어려운 사람들을 보면 그냥 지나치지 않는 의협심이 강한 여고생이다.

2. '네곁에'라는 닉네임의 정이현. 자기 반에 일어난 PMP 도난 사건을 원만히 해결하기 위해 온조의 사물함에 PMP를 넣어 두고 온조가 PMP를 주인에게 돌려주도록 의뢰를 맡겼다. 작년에 일어난 자살 사건이 재현되는 것을 막기 위해 온조와 고군분투하며 사건을 해결한다.

3. 스포츠카를 모는 속도광 운전자의 지나치게 빠른 속도 때문에.

4. 강토가 아버지께 전화를 해서 할아버지께 한 그만큼만 자기도 아버지께 해 드리겠다고 하며 할아버지와 자기가 아버지께 원하는 건 함께할 수 있는 약간의 시간뿐이라고 했다. 그리고 가장 소중한 것들을 제쳐 두고 갖고 있는 게 무엇이고 남아 있는 것이 무엇이냐고 묻고 할머니의 유언장을 보내 드렸다.

5. 시간은 '지금'을 어디로 데려갈지 모른다. 분명한 것은 지금의 이 순간을 또 다른 어딘가로 안내해준다는 것이다. 스스로가 그 시

간을 놓지 않는다면. / 온조는 기꺼이 앞에 놓여 있는 다채로운 빛깔을 향해 뚜벅뚜벅 걸어가리라 생각한다.

『홍길동전』

1. 조선 세종 때.

2. 신분 제도, 적서차별.

3. 곡산댁의 음모와 후세에 아름다운 이름을 남기기 위해서이다.

4. 홍길동이 관리들의 제물을 빼앗아 사회 질서를 어지럽히고 혼란스럽게 만들었기 때문이다.

5. 신분의 차별이 없고 백성을 착취하는 부정한 관료가 없는 율도국에서 이상 국가를 건설하여 나라를 어질게 다스리기 위해서이다.

6. 이 시기는 임진왜란을 겪었기 때문에 정치와 사회상이 문란하고 집권층의 수탈로 인한 농촌의 피폐함이 굉장히 심했다. 또한 임진왜란 이후 적서차별이 더욱 심해졌다. 허균은 양반의 자식이었지만 조선시대의 차별 의식에 심한 부당함을 느꼈다. 당시에 존재했던 나라의 부패와 심한 신분 차별을 비판하기 위해 홍길동전을 썼다.

『박씨전』

1. 박씨는 전생의 업보 때문에 얼굴에 흉한 허물을 쓰고 나왔지만 열심히 학문을 배우고 무술 훈련도 꾸준히 하며 정성을 다해 기

도를 한다. 그리하여 원래의 예쁜 얼굴을 되찾게 된다. 미래를 내다보는 신통력과 도술을 부리는 능력도 갖고 있는 지혜롭고 용감한 여인이다.

2. 계화. 몸종의 신분이지만 박씨를 존경하여 학문과 무술을 배워 나중에 우리나라를 쳐들어 온 적장을 혼내 준다.

3. 억울함, 답답함, 속상함, 슬픔, 화남.

4. 가부장제의 억압에서 해방되고 싶어 하는 여성들의 욕구와 여성도 남성만큼 우수한 능력을 가지고 있다는 것을 보여 주기 위해서이다.

5. 병자호란은 우리에게 정치적 경제적으로 큰 손해를 입힌 치욕적인 사건이다. 민중들의 현실적인 패배와 고통을 상상 속에서라도 복수하고자 하는 심리적 욕구를 표현하여 민족적 자긍심을 일깨웠다.

『완득이』

1. 장애인, 외국인 노동자, 다문화 가정.

2. 아빠는 완득이가 소설가가 되었으면 하지만 완득이는 킥복싱 선수가 되고 싶어 한다.

3. 꽃술이 달린 분홍색 단화, 전화.

4. 완득이 아버지는 카바레 앞에서 춤을 추며 손님을 끄는 일을 한다. 아버지는 숙소 사람들이 어머니를 하녀 취급하는 것이 싫어

서 떠나는 어머니의 모습을 보았지만 잡지 못했다.

5. 불법 체류 외국인 노동자를 돕는 일을 했기 때문에 완득이 어머니를 찾을 수 있었다.

「소음 공해」

1. 중년의 평범한 가정주부로 꾸준히 자원봉사를 하는 마음이 따뜻한 사람이다. 클래식 음악을 즐길 만큼 교양과 품위를 갖췄고 예절을 중요시하지만 위층에 사는 이웃에게는 무관심하다.

2. 무거운 짐을 든 사람을 도와주었거나 길을 묻는 사람에게 친절히 알려 주었던 일 등.

3. 소음을 줄여 달라는 의미로 간접적 의사 전달을 하기 위해서.

4. 장애인의 자유로운 이동을 위해 휠체어가 다니기 편하도록 인도를 정비하거나 장애인 택시를 늘리는 문제.

5. 선물도 무기가 되는 법. 발소리를 죽이는 푹신한 슬리퍼를 선물함으로써 소리를 죽이라는 메시지와 함께 소리로 인해 고통 받는 내 심정을 간접적으로 나타낼 수 있으리라. 사려 깊고 양식 있는 이웃으로서 공동생활의 규범에 대해 조곤조곤 타이르리라.

부록

토론 평가표

토론 관련 양식

전국 초·중·고등학생
토론대회 현황

토론 평가표

논제			
토론자	찬성팀 :		
	반대팀 :		

	평가 기준	찬성팀	반대팀
공통 항목	- 언어적 태도(목소리, 속도, 말투 등)의 적절성 - 토론의 예절과 규칙 준수 여부	각 단계별 평가에서 이를 반영하여 채점함 (+2, 0, −2)	
입론	- 사회적 배경과 용어 정의가 적절했는가? - 쟁점은 참신했는가? - 근거가 적절했는가?	1 2 3 4 5	1 2 3 4 5
교차 질의	- 토론의 쟁점을 분명하게 파악하는 질문을 했는가? - 상대방의 논리적 허점을 잘 짚었는가? - 짜임새 있는 질문 단계가 이루어졌는가?	1 2 3 4 5	1 2 3 4 5
반론	- 주제의 내용을 토대로 반론했는가? - 반론의 근거가 타당한가? - 반론거리를 모두 지적했는가?	1 2 3 4 5	1 2 3 4 5
교차 질의	- 토론의 쟁점을 분명하게 파악하는 질문을 했는가? - 상대방의 논리적 허점을 잘 짚었는가? - 짜임새 있는 질문 단계가 이루어졌는가?	1 2 3 4 5	1 2 3 4 5
최종 발언	- 주제의 의의와 한계를 잘 파악했는가? - 핵심 쟁점을 잘 정리했는가? - 자기 팀의 입장을 효과적으로 부각했는가?	1 2 3 4 5	1 2 3 4 5
합 계			

베스트 팀		베스트 스피커		베스트 매너	
총 평					

토론 개요서

팀명		팀원	
논제			
용어 정의			

		찬성 측	반대 측
주장 1	주장		
	근거		
주장 2	주장		
	근거		
주장 3	주장		
	근거		

입론서

논제		토론 형식	
논의 배경			
용어 정리			

논점		
논점 1	주장	
	근거	
논점 2	주장	
	근거	
논점 3	주장	
	근거	

교차 질의

(1) 찬성팀 ➡ 반대팀
(2) 반대팀 ➡ 찬성팀

반론

찬성팀

반대팀

요약(재반론)

찬성팀
_____

반대팀
_____

최종 발언

> 찬성팀
>
>
>
>
>
>
> 반대팀

전국 초·중·고등학생 토론대회 현황(2016년 12월 기준)

번호	대회명	참가 대상	목적	개최 시기	주최, 주관
1	전국 초·중·고등학생 디베이트대회	전국 초·중·고등학생	토론 문화 확산	12월	한국디베이트코치협회, 투게더디베이트
2	직지배차지 전국 학생 토론대회	전국 초·중·고등학생	직지심체요절 인식 및 토론 문화 활성화	10월	직지독서토론연구회
3	전국 청소년 토론대회	전국 초·중·고등학생	사고력과 토론 능력 갖춘 글로벌 인재 양성	11월	세계화교육재단
4	전국 청소년 인성실천 토론대회	전국 초·중·고등학생	토론 교육 활성화를 통해 글로벌 창의 인재 양성에 기여	11월	(사)세계화교육문화재단, 충남대학교
5	전국 청소년 환경토론 경시대회	전국 초·중·고등학생	환경 관련 판단력과 창의력, 문제 해결력 향상	1월	강원대학교
6	전국 청소년 다산독서 토론대회	전국 초·중·고등학생	독서 토론 문화 확산	9월	남양주시 평생교육원, RND 디베이트 아카데미
7	전국 초·중·고등학교 효실천 토론대회	전국 초·중·고등학생	효사상 계발	10월	수원시, 경기일보
8	청소년 통일공감 대토론회	전국 초·중·고등학생	청소년의 통일에 대한 관심 증진	6월	민족화해협력범국민협의회
9	UNIST 전국 청소년 과학디베이트	전국 초·중·고등학생	토론 문화 확산과 축제의 장 마련	7월	UNIST, 한국디베이트코치협회
10	청소년 헌법토론대회	전국 중·고등학생	법의식 함양	11월	법무부
11	동물복지 청소년 토론대회	전국 초·중·고등학생	동물 복지 향상	10월	서울시, 서울대공원
12	국회의장배 중·고교생 스피치토론대회	전국 중학교 3학년~고등학교 2학년	인성 함양과 올바른 토론 문화 정착	12월	대한민국국회, 중앙일보

번호	대회명	참가 대상	목적	개최 시기	주최, 주관
13	청소년 법률토론대회	서울, 인천, 경기, 강원 지역 고등학생	판단력과 창의력, 문제 해결력 향상	1월	서울고등법원
14	전국 청소년 논술토론 한마당	전국 고등학생	민주 시민 교육	7월	부산민주항쟁기념 사업회
15	5·18 전국 고등학생 토론대회	전국 고등학생	5·18 민주항쟁 정신 계승	7월	5·18 기념 재단
16	전국 고교생 자유공감 토론대회	전국 고등학생	민주 시민 교육	8월	한국 자유 총연맹
17	전국 중학생 토론대회	전국 중학생	토론 교육 활성화	7월	민족사관고등학교
18	복사골 청소년 예술제 DoDo 전국 청소년 토론대회	전국 고등학생	올바른 토론의 방법 제시	9월	부천시, 복사골청소년운영 위원회
19	황토현 전국 청소년 토론대회	전국 고등학생	올바른 역사 의식 확립	5월	(사)정읍시, 정읍교육지원청
20	교보·숙명 전국 독서 토론대회	전국 고등학생, 대학생	능동적인 독서 습관 확립, 건전한 토론 문화 형성	11월	숙명여자대학교 의사소통센터, 교보문고
21	청소년의 법과생활 토론광장	전국 고등학생	민주 시민의 양성	7월	법무부 법사랑 위원, 성남지역협의회
22	전국 고등학생 바이오안전성·바이오 산업 토론대회	전국 고등학생	생명과학 이해와 과학적 소양 함양	8월	바이오안정성 정보센터
23	전국 고등학생 독일 문학 독서토론대회	전국 고등학생	독서 토론 능력 함양, 인재 육성	11월	목포대학교
24	겨레얼살리기 전국 고등학생 토론대회	전국 고등학생	겨레의 얼 교육	7월	겨레얼살리기 국민운동본부
25	전국학생 나라사랑 토론대회 (통일대강국 파주!)	전국 고등학생	나라사랑의 의식 고취와 리더십	2월	경기일보, 아주대학교

작품 출처

45p 『백성이 잘사는 나라를 꿈꾼 실학자 정약용』 양태석, 해와나무, 2006

46p 『유배지에서 보낸 편지』 정약용, 창비, 2009

『다산선생 지식경영법』 정민, 김영사, 2006

64p 『왜 이성계는 위화도에서 군대를 돌렸을까?』 김갑동, 자음과모음, 2011

87p 『사라, 버스를 타다』 윌리엄 밀러, 사계절, 2004

98p 『마당을 나온 암탉』 황선미, 사계절, 2011

108p 『어린 왕자』 생텍쥐페리, 비룡소, 2005

120p 『우리들의 일그러진 영웅』 이문열, 민음사, 2005

133p 『자전거 도둑』 박완서, 다림, 1999

145p 「동백꽃」『국어 교과서 작품의 모든 것』 편집부 편저, 꿈을담는틀, 2013

156p 「하늘은 맑건만」『국어 교과서 작품의 모든 것』 편집부 편저, 꿈을담는
틀, 2013

167p 『시간을 파는 상점』 김선영, 자음과모음, 2012

179p 『홍길동전』『국어 교과서 작품의 모든 것』 편집부 편저, 꿈을담는틀,
2013

『홍길동전』 정종목, 창비, 2003

190p 『박씨전』 이경, 예림당, 2008

202p 『완득이』 김려령, 창비, 2008

214p 「소음 공해」『돼지꿈』 오정희, 랜덤하우스코리아, 2008

참고 자료

강태완 등저 『토론의 방법』 커뮤니케이션북스, 2001

송창석 『새로운 민주시민교육 방법』 백산서당, 2001

숙명여자대학교 의사소통센터 『발표와 토론』 경문사, 2010

신광재 등저 『토론을 알면 수업이 바뀐다』 창비, 2011

유동걸 『토론의 전사 2』 해냄에듀, 2012

이상철 등저 『스피치와 토론』 성균관대학교출판부, 2006

이정옥 『토론의 전략』 문학과지성사, 2008

강치원 『토론의 힘』 느낌이있는책, 2013

김소라 『맛있는 독서토론 레시피』 이비락, 2013

김병원 『생각의 충돌』 자유지성사, 2000

류대성, 신병준, 최은영 공편 『국어 교과서 작품 읽기 중1 소설』 창비, 2012

박기복 『청소년 독서 콘서트』 행복한나무, 2014

서상훈, 유현심, 양미현 공저 『진짜 독서를 위한 진북 독서토론』 지상사, 2015

정현모 『유태인의 공부』 새앙뿔, 2011

여희숙 『토론하는 교실』 파란자전거, 2009

이진천 『스마트한 바보들』 진한엠앤비, 2014

정문성, 황연성 『토의 토론 수업』 티처빌, 2012

케빈 리 『디베이트 심화편』 한겨레에듀, 2012

한상철 『토론』 커뮤니케이션북스, 2006

김성현 『책 읽는 아이, 토론하는 우리집』 미래지식, 2013

황연성 『신나는 디베이트』 이비락, 2011

아이의 인생을 바꾸는
교과서 독서 토론

ⓒ 2016 남숙경·서정미

초판 1쇄 발행일 2016년 12월 30일
초판 2쇄 발행일 2017년 11월 27일

지은이   남숙경·서정미
펴낸이   정은영
편집   사태희, 이미현
마케팅   이경훈, 한승훈, 윤혜은
제작   이재욱

펴낸곳   (주)자음과모음
출판등록   2001년 11월 28일 제2001-000259호
주소   (04083) 서울시 마포구 성지길 54
전화   편집부 (02)324-2347, 경영지원부 (02)325-6047
팩스   편집부 (02)324-2348, 경영지원부 (02)2648-1311
이메일   jamoteen@jamobook.com
에듀카페   cafe.naver.com/jamoedu

ISBN 978-89-544-3703-5 (43370)

이 도서의 국립중앙도서관 출판예정도서목록(CIP)은 서지정보유통지원시스템 홈페이지
(http://seoji.nl.go.kr)와 국가자료공동목록시스템(http://www.nl.go.kr/kolisnet)에서
이용하실 수 있습니다.(CIP제어번호: CIP2016030384)